本书受天津市高等学校创新团队培养计划（TD12-5051）和天
市哲学社会科学规划项目"不同类型社会组织的演进路径与治
模式研究"（TJGLQN17-001）的共同资助

U0683640

企业关系资本、网络能力

对知识转移和创新绩效的影响研究

包凤耐／著

中国财经出版传媒集团

经济科学出版社
Economic Science Press

图书在版编目（CIP）数据

企业关系资本、网络能力对知识转移和创新绩效的影响研究／
包凤耐著．—北京：经济科学出版社，2017.11
ISBN 978 - 7 - 5141 - 8671 - 0

Ⅰ.①企… Ⅱ.①包… Ⅲ.①企业管理 - 研究 Ⅳ.①F272

中国版本图书馆 CIP 数据核字（2017）第 281664 号

责任编辑：凌　敏
责任校对：郑淑艳
责任印制：李　鹏

企业关系资本、网络能力对知识转移和创新绩效的影响研究
包凤耐　著
经济科学出版社出版、发行　新华书店经销
社址：北京市海淀区阜成路甲 28 号　邮编：100142
教材分社电话：010 - 88191343　发行部电话：010 - 88191522
网址：www. esp. com. cn
电子邮箱：lingmin@ esp. com. cn
天猫网店：经济科学出版社旗舰店
网址：http：//jjkxcbs. tmall. com
北京密兴印刷有限公司印装
710 × 1000　16 开　13. 25 印张　180000 字
2017 年 12 月第 1 版　2017 年 12 月第 1 次印刷
ISBN 978 - 7 - 5141 - 8671 - 0　定价：46. 00 元
（图书出现印装问题，本社负责调换。电话：010 - 88191510）
（版权所有　侵权必究　举报电话：010 - 88191586
电子邮箱：dbts@ esp. com. cn）

前　言

随着贸易全球化、市场变化日新月异、技术革新突飞猛进等经济环境背景的变革，企业竞争愈演愈烈。为了赢得、保持竞争优势，不断地进行技术创新成为企业的必然选择。技术创新需要知识和技能的更新，然而单个企业越来越难以全面掌握最前沿的知识，于是学者们开始从企业网络视角研究企业竞争和成长等问题。相比西方而言，我国对企业网络、关系资本等的研究还比较匮乏，西方较为丰富的网络理论与关系资本研究在中国的社会经济背景下也并非完全适用，因而在我国制度与经济背影下研究企业网络视角下的企业竞争与成长，是一个具有重要理论意义和现实意义的课题。

近年来，组织创新的研究日渐丰盈，在对组织创新的影响因素、创新路径、创新绩效等基础研究的基础上，逐渐向网络环境背景下的组织创新的机理、运作推进，关注组织在企业网络中的资源、能力对组织创新的作用逻辑。在实际运作过程中，由于我国制度与市场环境的较高不确定性与企业网络运行的不稳定性，借由社会关系网络而享有的关系型资源往往并不充沛。这是因为一方面，构建关系型资源并非易事，他的建立需要依赖组织间的信任、承诺等带有情感色彩的因素，而这些情感因素在以交易、盈利为驱动的网络成员，尤其是在尚未建立"合作关系"的企业组织之间，并不天然具备；另一方面，维护关系型资源也并非易事，多数企业间联盟、合作伙伴等网络化关系在成立之初时运作较为融洽，但在运行过程中往往出现关系松散甚至裂解的问题，造成组织关系型资本丧失。因此，探究企业组织如何有效利用网络的平台和载体获取优质的关系型资源，关系型资源如何影响组织的创新绩效，企业的网络资源运用能力在这一过程中发挥何种作用等科学问题，将对把握我国企业在网络情境下的创新路径与机理，建立对网络情境下的组织创新逻辑，提高创新绩效显得尤为重要。现有研究已发现企业的关系资本、知识结构、网络嵌入行为与能力等都可能影响企业的创新绩效。然而已有研究较多的是从技术、知识、资源等企业内部因素探析企业的创新问题与绩效，鲜少对外部网络环境与企业的网络嵌入行为及网络嵌入的影响加以关注。在此背景下，深入探讨企业关系资本对知识转移与企业创新的影响，同时考量在这一影响过程中企业的内在网络能力发挥何种作用，将有助于从网络关系层面形成对组织间知识转移以及企业创新绩效的影响机制的理论解释，有助于挖掘为什么企业能够获得创新绩效提升、赢得竞争优势的深层次原因，同时揭示同质化的网络资源背景下为什么有的企业能激活其关系资源进而获得竞争优势而有的企业则不能。这也正是本书将要回答的主要问题。

基于此种情境，本书援引理论推导与量化研究相结合的研究设计，采用结构方程模型、因子分析等研究方法，构建企业关系资本、网络能力、知识转移、创新绩效等核心研究变量的适宜量表，进而运用大样本问卷调研，经由问卷调研收集数据，完成对概念模型假设的统计检验。即探讨基于信任、承诺、专用性投资、冲突管理、有效沟通、共同行动六个维度所构建的企业关系资本，对企业知识转移及创新绩效的作用机理与影响路径，同时关注企业的网络嵌入行为和网络能力在企业关系资本与知识转移的关系中发挥的调节效应，从而形成对企业关系资本影响创新绩效的理论解释。按照上述设计思路和研究逻辑，本书围绕研究内容主要得出以下三点研究结论：第一，提炼出企业关系资本影响创新绩效的作用关系。经理论推导与实证检验，验证了企业关系资本的信任、承诺、专用性投资、冲突管理、有效沟通、共同行动六个维度均对创新绩效产生积极的促进作用。第二，挖掘出企业关系资本影响创新绩效的路径机理。企业关系资本对企业创新绩效发挥的促进作用，需要经知识转移的中介传导作用才能最终形成影响。第三，从网络环境视角揭示出企业关系资本对知识转移及创新绩效发挥作用的边界条件。企业关系资本对知识转移的促进作用与企业对网络关系资源的规划、配置、控制等能力有关。企业网络能力越高，企业关系资本对组织间知识转移的促进作用越明显。但这一正向调节作用在信任和承诺两个维度与知识转移的关系中表现并不显著。

本书突破以往单纯从技术、知识角度挖掘企业创新绩效提升原因的研究，以"资本—知识、能力—绩效"为框架结构，从企业网络视角着重探讨了处于企业网络中的企业如何运用其关系资本促进知识转移与吸收，进而改善创新绩效，研究有助于从企业网络视角形成对企业创新的理论解释与框架。本书还深入探析了企业关系资本各维度影响创新绩效的过程机理，打开了企业关系资本与创新绩效关系研究的"黑箱"。而对于企业网络能力变量的引入，则折射出企业网络嵌入的行为背景下网络能力对企业关系资本运用效率的情景化特征。

本书的撰写和出版得益于众多良师益友的帮助。感谢我的博士导师多年来对我的学习和生活给予的无私帮助；感谢众多被调研企业和负责人对本书的调研活动所给予的大力支持；感谢天津财经大学商学院、科研处众多老师对本人的一贯支持与帮助；感谢从学术和生活分别给我莫大鼓励与关爱的两位好姐姐；感谢家人的无私包容，太多的感谢，满满的感恩。

对于企业网络与企业创新的研究还存在很多值得探索的问题。希望本书的出版能为企业网络组织研究的推进与实践的运作尽到一点绵薄之力。笔者仍将继续努力，在企业网络组织、组织创新及相关领域探真求实。由于笔者的水平所限，本书还存在一些不足之处，在此恳请各位专家和学者批评指正，希望能与对本领域研究感兴趣的朋友交流探讨，并在此致谢！

包凤耐

2017 年 6 月

目　　录

第1章　绪论 ··· （1）

　1.1　研究背景 ··· （1）

　1.2　研究意义 ··· （6）

　1.3　研究方法与技术路线 ································· （10）

　1.4　研究内容与结构安排 ································· （12）

　1.5　主要创新点 ·· （16）

第2章　文献述评 ·· （18）

　2.1　企业关系资本 ·· （18）

　2.2　知识转移 ·· （30）

　2.3　企业网络能力 ·· （39）

　2.4　企业创新绩效 ·· （48）

　2.5　研究述评 ·· （55）

第3章　概念模型构建与研究假设提出 ··············· （61）

　3.1　企业关系资本、网络能力对知识转移和创新绩效

　　　　影响的概念模型 ····································· （62）

　3.2　企业关系资本与创新绩效之间的关系及假设 ··········· （73）

　3.3　知识转移与创新绩效之间的关系及假设 ··········· （80）

　3.4　知识转移的中介效应分析及假设 ··········· （82）

3.5 企业网络能力的调节效应分析及假设 ················ (85)

3.6 本章小结 ································· (89)

第4章 研究设计与数据调研 ····················· (92)

4.1 研究方法与数据收集 ······················· (92)

4.2 自变量的识别与测量 ······················· (104)

4.3 因变量、中介变量与调节变量的识别与测量 ········· (118)

4.4 本章小结 ································· (136)

第5章 企业关系资本对创新绩效影响机制的实证分析 ········· (137)

5.1 样本企业的特征差异性分析 ··················· (137)

5.2 企业关系资本影响创新绩效的路径检验 ············ (145)

5.3 知识转移的中介作用检验 ···················· (149)

5.4 企业网络能力的调节作用检验 ················· (154)

5.5 本章小结 ································· (163)

第6章 研究结论 ···························· (166)

6.1 实证结果讨论 ···························· (166)

6.2 本书的研究结论 ·························· (167)

6.3 研究局限与展望 ·························· (170)

附录 ································· (173)

参考文献 ······························· (181)

第1章 绪 论

1.1 研究背景

在全球化的大经济背景下，市场的不确定和技术的日新月异，对企业如何获得和保持持续的竞争优势提出严峻的考验。根据相关领域的研究，多数学者认为知识是企业竞争优势的重要来源。然而在快速变化的环境下，单个企业愈加难以全面掌握最领先的知识或单独开发最先进的技术（Wu，Xu and Wang，2006）。因此，企业需要不断地向外部学习，以获得有价值的信息，进而形成企业独特的知识（Huber，1991），从而保证竞争优势。但是，组织间的学习和知识交流往往并不那么容易（Singh，2005），必须在特定的安排或机制下知识才可以高效地转移。基于这种原因，实践中出现了一种企业间创新合作的"生态系统"——创新网络。借助网络的背景与资源，企业与其他组织或企业建立"关系"，获取关系资本，进而促进知识的转移与吸收，保证企业的知识储备，为成功创新做足准备。具体来讲，本书的环境背景有四点。

1.1.1 企业创新的必然性和风险性

"不创新即灭亡"是彼得·德鲁克关于创新的一句名言，显示出了创新对企业生存的重要意义。科技不断进步给企业带来商业利润的同时，也提出了严峻考验。互联网络飞速发展，信息传播日渐便利，以此为背景，为彰显个性客户的个性化要求愈来愈苛刻。企业面临丰富产品种类、提高产品质量、降低生产成本和改进服务质量等压力。作为生产和经营的主体，为了获得商业利益企业面临技术提升、管理改善等多种创新压力（朱晓琴，2010）。然而，创新不是一件简单的事情，企业在创新过程中会面临若干风险：关键技术突破阻力强、技术壁垒高等技术风险；新产品投放市场后不被消费群体接受或投放短期内被更新产品替代的市场风险；创新中融资难度大、资金链紧张等财务风险；产品工艺设计不合理或生产周期太长引致生产成本加大等生产风险；组织内各部门协调不畅造成市场反馈信息失真影响工艺改进等管理风险。上述诸多风险都会阻碍企业的创新活动。同时，在开放创新体系下，由于工艺改进、资金融合、关键技术突破、市场渠道共享等活动常常需要跨领域的信息、知识等资源，而出于节约成本考量，企业不可能将创新链条的全部活动都纳入到组织内部完成。所以，以合作的形式从外部整合一些瓶颈知识和信息资源是企业的不二选择。

1.1.2 知识对创新的重要性

彼得·德鲁克的另一句名言说，真正决定企业生产的稀缺性资源不是金融资本，也不是固定资产，而是知识资源。企业可利用的异质性知识、技术等资源是企业创造、保持竞争优势的源泉。难以被模仿或替代的知识是成功企业的重要战略资源。只有能快速识别、及时抓住急需资源，并依据市场变化相机选择创新方案、适时采取创新行为的企业才能赢得竞争（Teece，1997）。但拥有知识不是静态因素，随着科技发展，高新知识也是时时更新的。正如 De Boer 等（1999）认为，企业的竞争优势取决于对知识的不断更新、整合，而非知识净存量。由于技术变革日新月异，变化极为迅速，稍有不慎就会在激烈的市场竞争中被赶超、甚至被甩掉。而原子企业拥有的知识往往不一定能紧追环境、及时更新，此时通过组织间合作获取外部知识、扩大可享用知识范围、更新企业知识库存就显得尤为重要。即企业在建设自己知识库的同时，还要积极建设关系网络，以更好地吸收、利用来自供应商、消费者、行业竞争者、政府机构、科研机构、中介机构等组织的知识。然而各组织都已认识到知识对本组织的重要作用，都明白保护自身知识产权、维持竞争优势的道理，因此，企业要想顺利获得这些外部知识，就需要和相应的组织建立一种长期、稳定的关系网络，以合作的形式分享知识，共同创新。正是在此背景下，近年来组织内部部门间的知识转移、组织与组织的知识转移分享、企业集团间的知识共享等正成为学者竞相研究的领域。

1.1.3 企业关系资本的功能

关系资本是个人或企业借由社会关系网络享有的关系性资源（蔡双立，孙芳，2013），企业关系资本来自于企业与客户、供应商、竞合者、政府、科研机构、服务机构等建立的稳定关系网络，是有利于企业实现目标的独特资源。它是企业可获取的外部资源中非常重要的一种。相关研究显示，企业关系资本有利于提高企业的竞争优势和创新绩效（Nahapiet and Ghoshal，1998）。儒家文化影响下，我国人民对关系十分看重，认为关系是人与人之间的非正式联结，对人们的社会交往有巨大助力作用。个体的这种普遍观念也延伸到了组织领域。对组织而言，其成员拥有的社会网络与社会关系同样具备有价、稀缺、独特等特性，是竞争优势的重要源泉（Tsang，1998）。针对我国企业的特色研究揭示，社会资本已经成为我国企业经济行动的标杆，在经济转型中发挥特殊价值（边燕杰，丘海雄，2000）。而关系资本是社会资本三个维度（结构维、关系维、认知维）中的重要部分，其在我国的经济转型中也必然具有独特的价值和作用。

鉴于企业关系资本的重要性，学者对其展开广泛研究与讨论，其作用研究的结论主要集中在三个方面：一是创造关系型租金（Colbert，1996）。Colbert 指出，存在于关系中的资源是系统层面的，它具有不完全可转移性，能带来持久的经济租金。企业利用关系网络通过与关系人的合作，实现资产、人力、信息、知识等经济要素的共享使用，同时在深入的经济合作中培养默契和信任，从而降低组织间交易成本，为企业创造剩余价值。而这一价值是不具备关系资本的组织难以创造和享受的，是一种超额利润，将其称之为关系型租金。二是防范机会主义行为（Coleman，1988）。由于关系资本是建立在双方相互信任的基础上的（Hamel and Prahalad，1994），而且各企业间的双边关系是嵌入到一个相对稳定的、关系较密切的关系网络中的，任何被发现有违背"关系"准则行为的企业，都将形成不良的信用记录，失信于网络中的所有成员企业，失去潜在的有利市场机会。为了规避遭受这种恶性惩罚，企业必须有效减少机会主义行为发生的概率（Williamson，1983）。三是促进企业知识获取，增强创新能力（Kale，et al.，2002）。组织间面对面的频繁接触行为可以提供知识获取渠道，不断的知识获取又是创新的保障。而频繁的组织间接触正是关系资本可以为企业带来的天然便利，因此，成功的知识获取依赖企业间丰富的交易、交往和对接。同时，企业间进行丰富的交易、交往、对接时，良好的合作增强彼此的信任，提升关系主体展开进一步信息、知识、技能交流与共享的欲望，助力组织间知识共享，提升企业创新能力。

1.1.4 企业网络能力的作用

上面的分析中，我们看到了企业关系资本有促进知识获取、争取竞争优势的功能，然而从本质上讲关系资本只是一种资源，并不能天然带来知识获取优势和竞争优势，而需要对其加以整合、善加利用，才能形成企业的核心竞争力。有研究表明，能否有效开发、充分利用关系资本直接关系到企业的前途和命运（Blyer and Coff，2003）。当企业拥有优质的关系资本时，如何将其有效运用、使之最大限度的发挥优势作用，还取决于企业对关系资源的开发利用能力，即企业网络能力。从企业关系角度看，原子企业作为个体嵌入到复杂、庞大的关系网络中，并期许从中获取有利于自身发展的稀缺资源。从某种意义上讲，所有组织或企业都处于一定的网络中，但并不是所有的企业都能与其他企业建立稳固的关系，继而形成关系资本，这就是企业网络能力在起作用。根据现有研究，网络能力包括战略愿景、关系构建、关系优化、占位能力等维度（Moller and Halinen，1999；Hagedoorn，2006）。网络能力强的企业能够敏锐地发现并占据网络中关键位置，并凭借良好的关系优化能力与网络中的其他组织建立合作、交易关系，从而使企业获得网络资源的机会更多，途径更丰富。从知识资源角度看，已经与外部企业建立良好关系，并取得丰富关系资本的企业，如何使这些已取得的知识资源发挥最大效用就取决于企业对知识的整合利用能力。可以说，企业创新需要资源的匹配与支持，但创新能否成功不仅在于谁拥有较多的资源，更在于谁的资源整合方式高效，让资源的效能得到充分发挥。因此，在企业关系资本资源对创新绩效的影响路径上，企业的网络能力发挥了调节作用（见图1.1）。

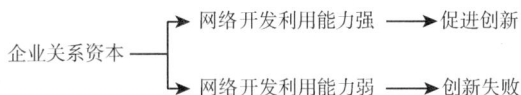

图1.1 网络开发利用能力的作用图示

然而现有关于企业关系资本与创新绩效的研究，较少关注企业自身能力的调节作用，而把更多的关注点定位在知识资源的吸收与利用上，如知识获取、知识转移、知识吸收的中介视角。诚然，在关系资本对创新绩效的影响路径上，知识资源的中介作用的确发挥着重要影响，却不仅限于知识资源。一方面，企业关系资本所涉的资源不仅包括知识，还涉及资金、技术、人力资本等，知识只是其中重要但不全面的一部分。另一方面，具有资源的企业能否有效利用资源，令资源充分发挥效用，要受到企业能力的影响，企业能力的强弱直接关系到资源配置和利用效率。而这两点在以往的研究中没有得到足够的重视。面对当前的研究现状，本书从企业关系资本生成要素的视角发掘其构成，并进一步挖掘其与创新绩效作用的内在机理，同时引入了企业网络能力的调节机制，为企业的实践提供理论与实践借鉴。

1.2　研究意义

1.2.1　理论意义

本书首先在外文全文数据库（EBSCO）、爱墨瑞得（Emerald）、谷歌学术（Google Scholar）等检索平台进行关键词检索，搜索以社会资本（social capital）、企业社会资本（corporate social capital）、关系资本（relational capital）、企业关系资本（corporate relational capital）、网络能力（network ability、network capability、network competence）、知识转移（knowledge transfer）、企业绩效（firm performance）、创新绩效（innovation performance）、企业关系资本和企业绩效（corporate relational capital and firm performance）、企业关系资本和创新绩效（corporate relational capital and innovation performance）等为关键词的英文文献，并重点选取国际A级期刊的权威文献，文献来源主要包括美国经济评论（The American Economic Review，AER）、组织科学（Organization Science，OS）、管理科学季刊（Administrative Science Quarterly，ASQ）、战略管理（Strategic Management Journal，SMJ）、美国管理学会评论（Academy of

Management Review，AMR）、美国管理学会学报（Academy of Management Journal，AMJ）、管理学报（Journal of Management）等权威期刊。文献梳理发现，虽不乏探讨社会资本与组织绩效的文章，但主要着眼关系维度的研究并不十分丰富。同时，研究中企业能力因素日渐受到关注，特别是围绕网络能力、资源整合能力等在社会资本、关系资本影响绩效的机制是否有助力作用的研究日渐得到研究者的青睐，但研究成果尚不多见。继而，本书将视线转移到国内的研究，通过在中国知网、万方数据、维普资讯等数据库上进行相关关键词及其不同组合的检索，重点关注管理学、经济学、社会学领域的核心期刊。搜索发现，探讨企业社会资本、关系资本对绩效影响的文献，多是从知识转移、知识吸收、资源转化、组织间沟通等角度探讨影响发挥的过程机制，缺乏对企业自身能力因素对资本促进绩效提升的机制过程中起到什么作用的关注，相关的实证研究更是稀少。由于企业拥有资本只是促进绩效的条件之一，能否充分利用资本，使其发挥最大的效用，还取决于企业是否具备有效运用资本的能力，所以对资本与绩效关系的研究不能忽视能力因素的作用。纵观相关研究文献，国内外对此问题的研究刚刚起步，成果较少，还有很大的空间值得研究者继续深入探索、挖掘。

关系资本的研究之初在社会学领域，被认为是根植于社会关系网中的社会资源（Burt，1992），是社会资本的三个维度之一（Nahapiet and Ghoshal，1998）。自 Nahapiet 和 Ghoshal（1998）将社会资本拆分为结构、关系、认知三个维度后，关系资本渐渐分离出来成为一个独立的研究构念。Kale 等人（2000）将关系资本看作联盟伙伴间相互信任、尊重和友谊产生的程度，开启了关系资本步入量化研究的新里程。

关系资本是企业与其他组织间的关系资源（Lynn，1999；Mohan，2001），而资源并不能直接带来竞争优势，需要对其加以整合利用，才能形成企业的核心竞争力。既然能力因素对资源转化为竞争力的过程中发挥着如此重要的影响，学者们在研究关系资本时应当围绕着能力因素是如何影响资本转化的，企业关系资本与企业能力因素的关系展开研究。在这一背景下，若干学者围绕企业关系资本、知识转移、网络能力、组织绩效等展开研究，但多是提出一些概念性框架，缺乏相应的实证支持。近年来，我国学者也开始关注关系资本对组织绩效的影响，他们参考借鉴国外研究的概念框架，并对理论框架的整体或部分进行理论或实证的研究（龙怒，2004；蔡双立，2013）。基于此，本书试图发展现有理论架构，构建我国企业关系资本、企业绩效、知识转移、网络能力的概念模型，探讨企业关系资本与组织绩效的影响机理与路径及网络能力的调节作用。具体来讲，本书的理论意义在于：

（1）开发设计了企业关系资本的测量体系，探讨不同维度关系资本对知识转移、创新绩效的影响，研究有助于从源头挖掘关系资本影响组织绩效的根本要素，解析什么样的关系资本更能助力企业创新。已有关于企业关系资本作用的研究，多是基于资源基础理论、知识理论等进行逻辑探讨，缺乏来自实践的数据验证。尽管也有研究开展了关系资本、知识吸收、组织绩效的实证研究，也尝试性的分析关系资本对组织绩效的提升作用和路径，但对于针对中国企业的关系资本维度开发，以及剖析知识转移对关系资本促进企业创新的路径作用还较为缺乏。因此，本书的研究结论将有助于从理论视角提升对企业关系资本与创新行为关系的逻辑解释力度。

（2）本书引入企业的网络能力变量，探索网络环境背景下，企业的差异性网络能力对关系资源积极作用发挥的影响，阐释企业网络能力的调节作用。虽然已有一些学者做了企业网络能力与创新的研究，但将企业关系资本、知识转移、创新绩效、企业网络能力放在一个框架内，验证企业能力因素在其关系资本对创新绩效的影响过程中发挥什么催化作用的研究虽然也引起一些学者的关注，但成果稀少，因此此类研究也成为理论研究的学术拓荒地。本书从企业关系资本、企业网络能力、知识转移、创新绩效之间的密切关系出发，研究了企业关系资本通过知识转移路径对创新绩效的影响作用，同时剖析了网络环境背景下企业网络能力对此关系资本促进企业创新的调节作用。研究揭示了关系资本如何在网络能力因素影响下发挥影响知识转移与创新的重要作用。对于网络能力的关注凸显了企业网络化成长的经济发展背景，以及该背景下能力因素在资源、行动、绩效等诸多方面的能动解释。

1.2.2　实践意义

本书的实践意义可以概括为以下两点：

（1）在经济飞速发展的时代，知识尤其是核心知识的属性是稀缺的，知识的需求总量迅速扩张，其内涵与形态也发生着重大的变化，原子企业拥有或者积累的知识资源已无法满足企业创新活动的全部需要，因此，企业竞争优势更多地取决于其获取、利用知识资源的能力。知识经济时代，企业创新更多是借助网络实现的，这种网络往往可以创造价值的生产关系的动态组合（李惠斌，杨雪冬，2000）。因此，本书对企业关系资本与知识转移、创新绩效的关系研究中，特别关注了网络能力的调节作用，揭示出资源构建与资源利用的微观机制，充分揭示企业关系资本在企业创新中发挥的作用，以及企业关系资本对企业创新的贡献程度，为企业管理者提供全面、系统的信息，帮助企业充分认识到提升关系资本转化、利用能力的优势作用，从而激励企业管理者采取适当的管理方法，促使企业在部门之间、组织之间建立起广泛、畅通的联系，这些紧密的联系以及在此基础上建立起来的广泛的信任与承诺将会帮助企业提高其创新能力，改善创新绩效，从而充分发挥企业关系资本资源的价值创造功能。

（2）知识（资本）的获取与开发是一个社会过程（Kogut and Zander，1991），需要组织内与组织外广泛的合作、交流。企业关系资本正是在这种广泛合作中形成的资源。企业关系资本的信任、承诺等情感要素与专用性投资、冲突管理、沟通、共同行动等行为要素都能改善和提升企业的隐性知识获取能力，发现创新机会，提高创新成功率，然而各个要素的作用程度如何并不明确。本书对企业关系资本不同维度与知识转移、创新绩效的关系研究，有助于企业深入认识信任、承诺等情感要素与专用性投资、冲突管理、沟通、共同行动等行为要素的作用要点与程度，从而有目的地进行重点建立、维护，强力优化企业的知识、信息更新与积累，提升创新水平和绩效。

1.3　研究方法与技术路线

1.3.1　主要研究方法

1.3.1.1　文献分析

本书采用文献分析法形成对研究问题的初步认识与理论模型的分析。首先着眼于对社会资本、关系资本、创新绩效、知识转移、网络能力等领域的研究，从国内外学术期刊、专著著作、重要会议论文、博士学位论文等数据库中选取了大量文献进行阅读学习和整理总结，梳理出已有研究的研究脉络，评析其研究的理论缺口，确定本书的切入点。然后梳理企业关系资本与创新绩效的关系，从资源观视角挖掘企业创新的推动因素，选定刘衡、李垣等（2010）的"资源—行动—绩效"的研究范式作为本书的研究思路。本书又构建了企业关系资本的测量维度，围绕信任、承诺、专用性投资、冲突管理、有效沟通、共同行动六个维度进行文献梳理，发现其与知识转移、组织创新的关系，从而构建本书的理论模型，形成对模型中主效应的初步解释。最后，本书又围绕企业网络环境为背景进行文献检索，梳理网络关系下企业网络能力对企业关系性资源价值体现的能动作用，构建本书理论模型中的调节效应。

1.3.1.2 问卷调查法

针对研究内容和所涉变量，在总结已有研究量表的基础上，开发、设计本书的测量量表，并制成调查问卷，用书面和电子两种形式向被调查者搜集关于企业的关系资本、网络能力、知识转移行为、创新绩效等方面的研究材料与数据。即通过向被调查者发出设计好并经过小样本检验的简明扼要的调查表单，请其针对本企业的实际情况填写对问卷中相关问题的意见和看法，借此来获取数据信息。本书的对理论模型的实证检验数据主要采用问卷调查的方式获得。

1.3.1.3 因子分析

利用初始调研数据对企业关系资本及其他变量的设计量表展开探索性因子分析和验证性因子分析，以构建本书各个研究变量的研究量表，为问卷调查打好基础。然后在大样本问卷调研的基础上，对问卷数据进行处理，利用描述性统计分析、因子分析、信度和效度分析等方法对样本数据的统计学特征和信度效度进行分析，以确保调研数据适合做进一步结构方程建模分析，提高研究结论的可信性和说服力。

1.3.1.4 结构方程分析方法

通过构建基于调研数据结构方程模型对理论模型展开实证数据验证，以检验各变量间的相关性，并对研究假设逐一检验。此阶段本书将主要依托于 EXCEL、SPSS、LISREL 等统计软件对问卷调查收集的数据进行统计分析和处理，并对相关分析结果展开讨论，以验证企业关系资本是否通过知识转移对创新绩效存在显著影响，企业网络能力对上述影响是否存在显著的调节作用。

1.3.2　技术路线

本书采用的技术路线如图1.2所示。

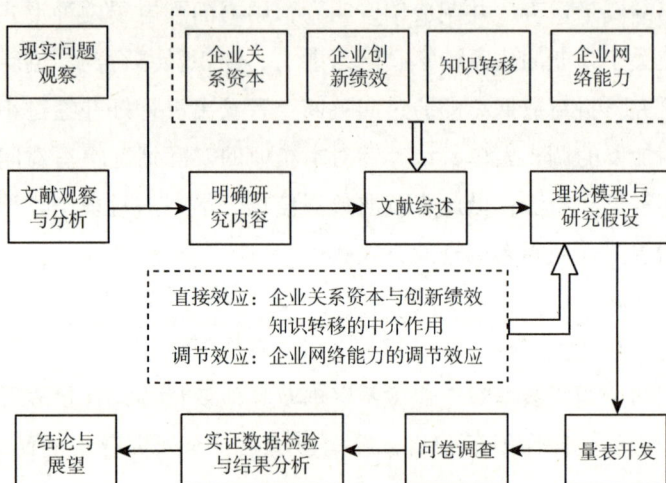

图1.2　本书技术路线

1.4　研究内容与结构安排

1.4.1　主要研究内容

本书对企业关系资本、网络能力与知识转移、创新绩效的关系主要从以下几方面研究：（1）打破现有的企业关系资本维度分析，对其展开重新测量；（2）根据现有研究成果归纳整理企业网络能力的内容及其对企业创新的作用，探讨企业能力因素在企业关系资本与知识转移、创新绩效作用机制中的调节机制，构建理论模型框架；（3）在定性分析的基础上，定量实证研究企业关系资本与知识转移、创新绩效的关系，以验证企业关系资本是否对创新绩效产生显著影响；（4）突出网络环境因素，检验企业网络能力对关系资本影响知识转移的边界条件；（5）总结研究结论，指出现有不足与未来研究方法。综合来讲，可概括为如下三点：

第一，在前人建立的企业关系资本理论框架基础上，利用探索性因子分析和验证性因子分析的方法将企业关系资本进行重新地维度划分与量表设计。利用已有量表设计调研问卷，分别对企业关系资本的信任、承诺、专用性投资、冲突管理、有效沟通、共同行动等构成要素维度进行数据调研，然后通过探索性因子分析和验证性因子分析构建企业关系资本的量表，并根据本书开发的新量表设计调研问卷、开展数据调研。

第二，对知识转移、企业网络能力进行深入研究，结合它们与企业关系资本及创新绩效的国内外相关研究，整理归纳出知识转移与企业网络能力的内容，结合国内外相关成熟量表，构建适合本书的测量量表，展开调研，为实证研究做准备。

第三，将企业关系资本、网络能力、知识转移和创新绩效纳入到一个分析框架中构建研究的概念模型，重点阐述企业关系资本对知识转移、创新绩效的影响，并引入调节变量企业网络能力，这也将成为本书最大的创新点。在对若干理论假设进行验证时，本书采用了因子分析与结构方程模型方法，在重点研究企业关系资本与知识转移、创新绩效关系的前提下，突出对企业网络能力调节效应的讨论。

根据上述研究内容，本书的理论模型如图1.3所示。

1.4.2 结构安排

如图1.4所示，本书共分为绪论、文献述评、模型构建与研究假设、研究设计、实证分析、研究结论6章。具体安排如下：

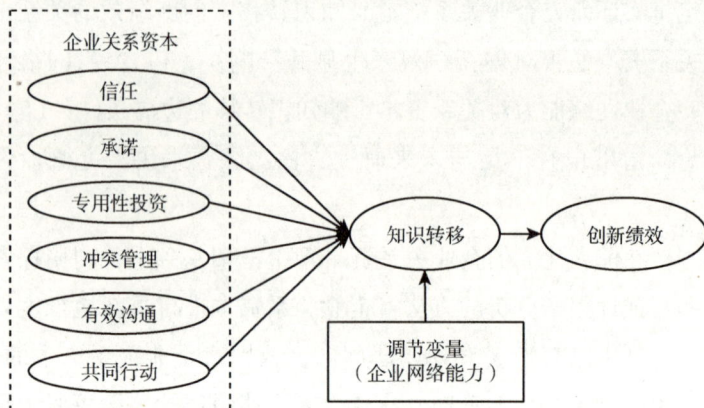

图 1.3　本书的理论模型

第 1 章：绪论。通过介绍相关研究背景，引出要研究的内容，明确本书的现实与理论意义。然后，详述本书的研究方法与技术路线，以论证可行性。最后，梳理出本书的研究内容与结构安排。

第 2 章：文献述评。通过对企业关系资本、网络能力、知识转移、创新绩效等相关文献的梳理分析，引发关于企业关系资本对知识转移、创新绩效影响的深入思考，确定本书的基本研究要素。

第 3 章：概念模型构建与研究假设提出。援引"资源—行动—绩效"的研究范式并在其基础上适当改良，详细解析了企业关系资本、网络能力与知识转移、企业创新绩效之间的逻辑关系。然后基于理论分析提出企业关系资本与知识转移、创新绩效的关系假设。同时以网络理论为依托，分析企业网络能力在企业关系资本与知识转移的关系中发挥的作用，提出企业网络能力在企业关系资本对知识转移影响机制中的调节作用假设，构建本书的概念模型。

第 4 章：研究设计与数据调研。本章主要根据已有研究对相关变量的维度设计，设计调查问卷，收集数据，利用探索性因子分析和验证性因子分析对已有维度进行分析、归纳，开发适合本书的测度量表。本章中阐明了问卷设计过程、样本选择与数据调研过程，然后对本书的自变量、因变量、中介变量、调节变量、控制变量的测量题项来源分别进行了详细介绍，并借由探索性与验证性因子分析展开测量量表问项的开发、验证。

第5章：企业关系资本对创新绩效影响机制的实证分析。在理论分析与数据调研基础上，利用描述性统计分析、因子分析和结构方程模型方法，对第3章提出的研究假设进行验证。

第6章：研究结论。首先对本书的实证结果展开讨论，分析归纳出主要结论。然后指出整个研究中的收获及不足之处。最后针对研究中产生的不足对今后研究进行展望与预测。

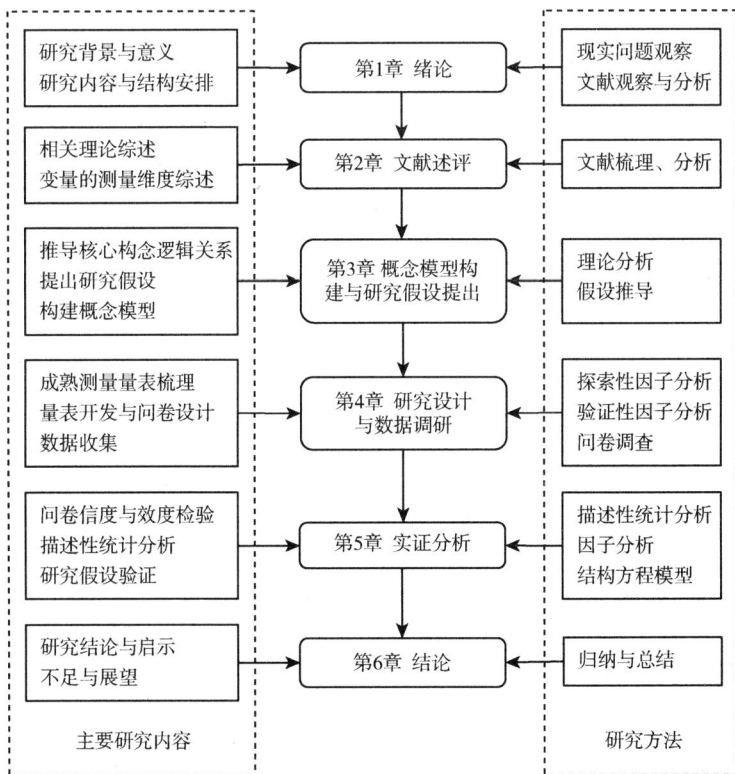

图1.4　本书的结构安排

1.5 主要创新点

本书主要在以下三个方面进行创新性探索：

（1）开发并验证了企业关系资本的测量量表。随着对企业关系资本研究的深入，单纯的理论探索已不能满足实际需要，数理性分析需要日渐明显，但对关系资本的测量却一直未能形成统一认识。根据 Kale 等（2000），Sarkar 等（2001），Dyer（2000），De Clercq 和 Sapienza（2006），Wu 和 Cavusgil（2006）以及 Inkpen Andrew 等（2011）关于企业关系资本的信任、承诺、专用性投资、冲突管理、有效沟通、共同行动等特征维度的划分，本书借助各个维度的已有成熟量表设计调查问卷，并对回收的数据进行探索性和验证性因子分析，构建了企业关系资本的测量模型，为推动中国背景下企业关系资本测量研究的理论和实证发展提供了支持。

（2）构建并验证了企业关系资本、网络能力与知识转移、创新绩效间的关系模型。在广泛阅读归纳企业关系资本、网络能力与知识转移、创新绩效等文献基础上，本书构建了包含四者的概念模型，并提出企业关系资本与创新绩效、知识转移与创新绩效、网络能力的调节效应等假设，构建了本书的整体模型框架。根据问卷调查收集的数据，本书利用结构方程模型对假设进行检验，并得出相关结论，以期揭示企业关系资本、网络能力对知识转移、创新绩效的影响机制，为研究企业从参与创新网络、获取创新资源、进行资源转化到获得竞争优势的本质过程提供新的视角。

（3）挖掘并论证了网络环境下企业配置网络关系资源的能力动因。尽管以前也有对企业关系资本、知识转移和创新绩效关系的研究，但是它们在研究过程中大多是针对知识吸收、知识转化等因素作中介分析，忽视了企业自身具备的能力因素在资本转化为竞争优势的过程中发挥的关键作用，而本书则打开了企业网络能力的黑箱，把企业网络能力作为分析单元，检验它在企业关系资本通过影响知识转移而影响创新绩效的过程中的调节作用；剖析了网络经济环境下，企业是否具备恰当配置网络关系资源的能力，及该能力大小对企业关系资本的关系租金价值分配的影响。本书的结论也使企业能够注重对自身能力的培养和重视，改变以往的只看重外部关系维护和资源获取而不注重资源转化利用的错误取向。

第2章 文献述评

2.1 企业关系资本

2.1.1 企业关系资本的内涵

随着对资本概念的理解逐渐深入，社会资本、关系资本等概念逐渐在经济学（Bruce Morgan，1998；Araujl and Geoff Easton，1999；Andrew and Nielsen，2009）、社会学（Leenders and Gabbay，1999；Durlauf and Fafchamps，2004）等领域出现并引起学者的广泛关注。从理论层面对关系资本概念的认可可追溯到 1998 年 Bruce Morgan 撰写的著作《关系经济中的策略和企业价值》，该研究中提出了一系列有价值的关系形式，如买方卖方间的市场关系、政企关系、金融市场与企业的关系、企业间竞争关系、合作关系等，他认为这些关系都是有资本价值且可被利用的，能够为企业发展提供稀缺资源，缺憾是该研究并未给出关系资本的明确定义。随后，大量学者试图从不同研究视角界定、阐述关系资本，但迄今为止，理论界对其基本内涵的解释并没有形成一个统一的、权威的定义，大多数研究仍按照社会资本的研究维度来分析关系资本（王俊杰，2009）。为了追根溯源，我们需要首先厘清企业社会资本的概念内涵。

2.1.1.1　企业社会资本的概念

社会经济学家 Burt（1992）关于结构洞的调查研究，开启了理论界深入到组织层面围绕组织内与组织间关系研究的先河。他将组织内与组织间关系描述为企业社会资本，从而将社会资本的概念从社会领域引入到社会经济领域。随后，作为第一个正式定义企业社会资本的学者，Nahapiet 和 Ghoshal（1998）将社会资本界定为"嵌入到企业内部、外部的社会关系网络中，能够被企业利用的现实的和潜在的资源集合"，这种资源反映网络的关系特征、结构特征和位置特征，如信任、诚信、共同愿景、共同行动、位置中心度等。这一定义被企业社会资本的研究学者广泛接受并使用，成为关于企业社会资本的研究中最具权威性和代表性的成果。Lean 和 Buren（1999）在研究企业内部社会资本时，将其定义为反映企业内部社会关系特征的资源。Araujl 和 Geoff Easton（1999）与 Johannes 和 Lee（1999）不约而同地认为企业社会资本是企业的一项能够促进企业内外部合作的经济资源。Andrew 和 Nielsen（2009）将企业社会资本界定为嵌入在组织成员内部关系网络以及组织外部网络的无形资源。纵观国外学者对于企业社会资本的概念界定，大多是将其与企业网络关系结构联系在一起，这一现象暗示了企业社会资本是嵌入企业与其利益相关者的关系网络中的资源。

国内对于企业社会资本的研究起步虽晚，却也在如火如荼地进行中，并取得了一系列的研究成果。边燕杰、丘海雄（2000）在对企业与经济领域的联系研究中引入社会资本概念，并基于我国的情境回答了企业社会资本的定义与分类。他们按联系不同把社会资本分为纵向、横向、社会三类，相同点是通过这些联系都能为企业获得稀缺资源。周小虎（2002）将社会资本的研究上升到战略层面，认为企业社会资本必须是企业可控的能够助力企业目标实现的资源集合，它存在于企业网络之中，既包括现有的也包括潜在的。相比周小虎（2002）的研究，刘林平

（2006）提出了不同的看法，认为企业的社会联系不能等同于企业法人的社会联系，因为企业法人的社会联系不一定能够运用到企业层面，刘林平（2006）认为企业社会资本主要是企业层面上可以有效使用的社会网络资源。郭毅、朱熹（2003）拓展了企业社会资本的范畴，将其扩展到企业外部，包括所有企业内、外关系网络中的信任、承诺、结构模式、节点位置等关系特征的资源。在此之后，鲍盛祥（2005）进一步开拓了企业社会资本的对象范畴，认为企业社会资本镶嵌于企业社会网络中，而企业社会网络包括了股东、职员、客户、供应商、金融机构、政府部门甚至竞争对手在内的一切利益相关者。企业社会资本内涵的主流观点归纳整理见表2.1。

表2.1　　　　　　　　　　　企业社会资本的概念界定

企业社会资本的概念	研究学者
由企业内和企业间的关系网络构成，是决定企业成功的关键因素	Burt，1992
嵌入到企业社会关系网络中，能够被企业利用的所有资源集合	Nahapiet 和 Ghoshal，1998
企业通过社会关系网络获得的、能够对企业目标实现起促进作用的资产	Leender 和 Gabbay，1999
反映企业内部社会关系特征的资源	Lean 和 Buren，1999
企业的一项能够促进企业内外部合作的经济资源	Araujl 和 Easton，1999
企业社会资本是一种获取外部资源的能力	Yli-Renko 等，2002
嵌入在组织成员内部关系网络以及组织外部网络的无形资源	Andrew 和 Nielsen，2009
企业与纵向、横向和社会经济领域发生联系而摄取稀缺资源的能力	边燕杰，丘海雄，2000
嵌入于企业网络中的，企业可控的能够助力企业实现目标的资源集合	周小虎，2002
企业社会资本嵌于企业与外部实体构建的社会关系网络中，包括一切有利于企业特定目标实现的利益相关者间的关系	鲍盛祥，2005
能够有效使用的社会网络才是企业的社会资本	刘林平，2006
一个企业所拥有的有价值的内部和外部的非正式关系的总和	刘松博，2008
建立在信任、规范和网络基础上，嵌入在稳定的社会关系网络中，能够促成企业目标达成的各种实际或者潜在的资源集合	王俊杰，2009

基于此，可以看出关于企业社会资本的理解虽然存在一定程度的差异，但本质上都支持其是存在于社会网络中的可被企业利用的资源集合。

2.1.1.2　企业关系资本的内涵

同企业社会资本一样，目前学术界对于企业关系资本的概念界定并没有一个公认的标准。大量学者运用不同知识背景对企业关系资本的内涵和概念进行诠释。Bontis（1998）与 G. Roos 和 J. Roos（1998）认为企业关系资本是基于组织间互动而产生的、嵌入于企业网络的知识资本，其本质是智力资本的一种。Lynn（1999）将关系资本简单定义为企业与供应商、顾客等外部环境的联系，将关系资本看作是企业与其他组织间的关系资源。Mohan（2001）也支持将关系资本看作是企业与其他组织间的关系资源的基本观点，但将关系对象扩展到包括顾客、职员、合作伙伴、竞争对手、相关机构等在内的所有关系。Lin（1999）将企业关系资本视为企业能力的体现，认为企业关系资本是在有目的的行动中可以获得或动用的一种资源或能力，拥有此种关系资本的企业可以经由关系结构而取得利益。同样，John H. Dunning（2003）在研究知识经济背景下企业组织间的合作行为时，也将企业关系资本定义为一种企业能力，通过这种能力企业可以获得支配或使用合作组织的资产资源的效果，形成合作组织间共享资源、互惠互利的局面。

与前几种关注关系资本产生效果的定义方法不同，Kale 等（2000），Sarka（2001），Dyer（1998）等人从关系资本的本身特性出发全新界定关系资本，他们认为关系资本是盟友间的信任、尊重和友谊程度。De Clercq 和 Sapienza（2006）定义关系资本为一定程度上的交换，这一交换涉及信任、社会交往、共同准则或目标等因素。Wu 和 Cavusgil（2006）认为关系资本是建立在组织层面的相互信任、承诺和专用性投资等独特的关系资源。Inkpen Andrew 等（2011）在发展前人观点的基础上，则将建立在个人和企业层面上的相互信任、尊重、友好等独特的关系资源均视为企业关系资本。

　　近几年，国内学者在企业关系资本研究方面也取得了一定的进展。对企业关系资本的内涵界定上，国内的研究也呈现出明显的偏好。有学者从其资本属性出发定义企业关系资本，如彭星闾、龙怒（2004）认为企业为了实现目标而创建组织关系并对该关系不断投资维护而形成的投资型资本即为企业关系资本。也有学者从资源角度对其进行诠释，如常莉、李顺才（2002）将企业关系资本界定为建立在个人关系基础上的盟友之间的互相信任、尊重等独特性、排他性的关系性资源。宝贡敏、余红剑（2005）也同意企业关系资本是联盟组织间专有的、独特的关系性资源，且这一资源是有高模仿壁垒的，能够创造持续的竞争优势。本书搜集、整理、归纳近年来关于企业关系资本概念界定的主要研究成果，统计见表2.2。

表2.2　　　　　　　　**企业关系资本的概念界定**

企业关系资本的概念	研究者
企业与处于同一价值网络的利益相关者间的互动关系带来的增值价值	Bontis，1996，1998
企业与客户、上下游厂商及相关机构或个人间的外部关系的综合	Edvinsson，1998
企业互动而产生的关系，如尊重、友谊、信任、承诺、义务等	Nahapiet 和 Ghoshal，1998
包括企业与供应商、顾客等外部关系，和与所在网络成员间的内部关系	Johnson，1999
盟友间的信任、尊重及友谊程度	Kale 等，2000
企业与其他企业、组织、研究中心互动的关系存量	Taylor 和 Francis，2002
使企业获得其他主体的资产进入权，进而支配与其他主体关系、共享其资源的能力	John H. Dunning，2003
企业与相关机构或个人基于高度认同感、归属感、文化融合等建立的关系	Capello 和 Faggian，2005

企业关系资本的概念	研究者
涉及信任、社会交往、共同准则或目标等因素的交换	De Clercq，2006
建立在组织层面的相互信任、承诺和专用性投资等独特的关系资源	Wu 和 Cavusgil，2006
建立在个人和企业层面上的相互信任、尊重、友好等独特的关系资源	Inkpen Andrew 等，2011
以人际关系为基础，体现盟友间相互信任、友好、谅解等独特的关系资源	常荔，李顺才，2002
是动态关系过程的价值体现，属于不确切资产或无形资产	吴森，2002
借由对家庭和类家庭的道德、伦理义务收获声望，继而具备的从关系网络支配社会资源的能力	边燕杰，2003
企业与利益相关者为实现目标而创建，并不断投资维护而形成的资本	彭星间，龙怒，2004
公司与客户、供应商、合作伙伴在品牌、渠道等方面的有益关系	万君康，2006

综上所述，虽然学者对关系资本内涵讨论的侧重点不同，但归其本质都认为关系资本就是能为企业带来价值的、体现组织间共享资源程度的关系资源。组织间的合作程度越高、关系越密切，关系资本越丰富。

2.1.1.3　企业关系资本与社会资本的关系

从对企业社会资本、关系资本的内涵梳理可以看到，企业关系资本既不同于社会资本又与社会资本有分不开的联系。企业关系资本是社会资本的深化，包含于社会资本（杨震宁，2013）。比如 Brennan（2000）认为智力资本是企业社会资本的构成要素之一，而企业关系资本又是智力资本的构成要素。谢洪明、葛志良、王成（2008）从内外资源交换出发将企业社会资本分为内部社会资本和外部社会资本。内部社会资本是关系结合式的（bonding），是企业员工为共同目的共同努力，从企业内部获得利益的能力；外部社会资本是桥梁式的（bridging），是从企业外部获得利益的能力。王修猛（2008）同意社会资本的内外分类说法，并认为企业关系资本就是排除内部社会资本部分，属于企业的外部社会资本。

近年来广大研究者普遍认同的观点是 Nahapiet 和 Ghoshal（1998）的企业社会资本结构性、关系性和认知性三维度论。他们将关系性社会资本解释为人们在关系网中建立起来的与其他企业的关系以及靠此种关系获取的各类资源。这又一次说明了企业关系资本是企业社会资本的重要组成部分。

2.1.2 企业关系资本的构成维度

企业的关系资本源于社会资本，明晰企业社会资本的维度有助于我们从源头把握关系资本的测度，因此，我们首先梳理企业社会资本的研究维度，而后再归纳企业关系资本的构成要素。

2.1.2.1 企业社会资本的维度

纵观国内外的相关研究，学者们对于企业社会资本的维度与测量研究主要从三个层面开展。

第一，从企业内部层面描述其社会资本的构成。该观点认为企业社会资本是一种资源，这种资源是由企业的管理团队和员工的社会关系衍生的、基于其个人社会关系网络形成的，且个体的这一社会资源能够为企业所用、有利于企业实现目标。Shipilov 和 Danis（2006）从高管团队特征的角度研究了企业社会资本的存量，用企业高管团队的对外沟通社会资本和对内团结社会资本来共同测量企业的社会资本。边燕杰、丘海雄（2000）从企业的社会联系出发，将社会资本分为纵向、横向和社会关系三类，并开发了相关量表。张其仔（2002）拓展了边燕杰、丘海雄（2000）对企业社会资本的内容体系，将企业社会资本的构成由单纯的管理者发展为管理者和工人的共同体，在他的研究中着眼于工人之间、工人与管理者之间、管理者之间三个维度测度国有企业的社会资本。孙俊华、陈传明（2009）继承并发展了边燕杰、丘海雄（2000）的研究视角，从纵向关系、横向关系和声誉三个方面对企业社会资本进行研究。

第二，从企业内部和外部全方位考察企业社会资本。该学派拓展了企业社会资本的研究体系，认为企业社会资本不只是企业内部个体带来的社会资源，还包含企业外部环境资源。原子企业嵌入到包含合作伙伴、竞争对手、供应链上下游企业及其他利益相关者在内的社会网络中，并从中获得发展所需的资源，故而其社会资本也应包含网络因素。

Ader，Paul 和 Kwuon（2002）将对社会资本的分析划分为微观、中观、宏观三个层面，他们认为微观和中观社会资本是由于行为人的社会关系生成的，有助于获得外部资源，可被归为外部社会资本；宏观社会资本是由于行为人群体的内部关系生成的，而被归为内部社会资本，其功能不仅在于改善行为人的资本禀赋，还在于提升整个群体的行动水平。国内研究者张方华（2004）结合我国实际，也将社会资本分为内部和外部两类。内部社会资本主要关注部门之间的信任与合作、企业文化、内部培训、员工间的知识共享等，外部社会资本主要关注商业网络、信息网络、研究网络、关系网络等外部社会网络。

第三，从企业社会资本的自身特征层面进行研究。这一层面将研究的焦点定位在企业社会资本本身的特征，而不是前两种社会资本的来源与构成。Nahapiet 和 Ghoshal（1998）即从特征出发，将企业社会资本的分析总结为结构（structural）、关系（relational）、认知（cognitive）三个维度，此观点也发展为社会资本研究中的典范。结构维度指企业社会关系网络中个体间联系的方式与结构特征，如网络联结方式、网络如何配置。关系维度指通过交易关系创造和利用的资产，包括存在于关系中的信任、认可、隐私等属性。认知维度指关系各方赖以沟通的系统资源，如共同的秩序、通用的语言等。

2.1.2.2 企业关系资本的维度

学者们对关系资本维度的研究各有侧重，本书将其划分为两个层面。

第一，建立关系资本的个人层面，即将关系资本看作是行为人在关系中建立的信任、承诺、尊敬、谅解等因素。大量学者支持此类观点。如 Cullen，Johnson 和 Sakano（2000）在对日本联盟企业的研究中提出信任和承诺是企业关系资本的重要组成因素。联盟各方参与人之间缺乏信任或承诺往往是关系失败的根源，即便这一关系看起来多么有发展前景。Kale 等（2000），Paul Cousins 等（2006）和 Ruth Blatt（2009）的研究认为企业关系资本除了信任还含有冲突管理、友谊、义务等因素，指出联盟伙伴可以通过磨合、协调以实现经济互利。Cullen 等（2000），M. Sambasivan 等（2011）则认为关系资本在信任和承诺之外，还必须有有效的沟通，认为企业关系资本由相互信任、互惠承诺、合作交流三个维度组成。观察学者们的观点，我们发现信任和承诺是大量研究企业关系资本的学者广泛接受的维度（Morgan and Hunt, 1994；Bromiley and Cummings，1993）。在此之外，不同学者针对不同研究，分别开发出了企业关系资本的若干第三维度，比如尊重（Kale, et al.，2000；陈菲琼，2003；林莉，周鹏飞，2004；Paul Cousins, et al.，2006）、友谊（Kale, et al.，2000；陈菲琼，2003；Inkpen Andrew, et al.，2011）、彼此的义务（Ruth Blatt，2009）、沟通交流（M. Sambasivan，2011）、专用性投资（Wu and Cavusgil，2006）、共同行动（De Clercq and Sapienza，2006）等。

第二，从企业层面讨论关系资本的构成。支持该观点的学者认为，企业关系资本主要包括与客户、员工、供应商、股东、政府等所有利益相关者间有利于企业价值提升的互动关系。该观点的典型代表是我国学者边燕杰、丘海雄（2000）的研究。借鉴关于企业社会资本的划分，将企业关系资本也划分为内部和外部两个层面。其中企业内部层面关系资本包含企业与其内部各组成部门以及各部门之间两方面；外部关系资本则借鉴供应链管理领域的分类方法，分为纵向关系资本、横向关系资本和社会关系资本三方面。其中，纵向是与上游供货商和下游顾客的关系；横向是与其同行业合作伙伴、竞争者、潜在竞争者间的关系；社会关系资本则指的是企业与相关政府部门、金融机构、大学和科研院所以及其他利益相关方间的关系。

企业关系资本的研究维度整理汇总如表 2.3 所示。

表 2.3 **企业关系资本的维度**

维 度	研究者
信任	Kale 等，2000；Paul Cousins 等，2006；Ruth Blatt，2009；M. Sambasivan 等，2011；陈菲琼，2003；林莉，周鹏飞，2004 等
承诺	Kale 等，2000；Paul Cousins 等，2006；Ruth Blatt，2009；M. Sambasivan 等，2011；陈菲琼，2003；林莉，周鹏飞，2004 等
尊重	Kale 等，2000；陈菲琼，2003；林莉，周鹏飞，2004；Paul Cousins 等，2006
友谊程度	Kale 等，2000；陈菲琼，2003；Inkpen Andrew 等，2011
有效的冲突管理	Kale 等，2000
彼此的义务	Ruth Blatt，2009
共同行动	De Clercq 和 Sapienza，2006
沟通交流	M. Sambasivan 等，2011
专用性投资	Wu 和 Cavusgil，2006
纵向关系资本	边燕杰，丘海雄，2000
横向关系资本	边燕杰，丘海雄，2000
社会关系资本	边燕杰，丘海雄，2000

2.1.3 关系资本对企业绩效的影响

关系资本对企业绩效有何种影响的问题早已引起国内外学者的广泛关注，研究者们从经营绩效（杨鹏鹏，2005；王修猛，2008）、财务绩效（Seung Ho Park and Yadong Luo，2001）、创新绩效（Lanny Vinsent，2005；张方华，2006；宋方煜，2012）等不同侧重点展开了丰富的理论或实证探讨。大量的相关研究中，大多认为关系资本正向促进企业经营绩效（王修猛，2008）。也有研究认为，企业关系资本与企业的市场绩效正相关，却不一定对财务绩效也有积极的影响作用（Seung Ho Park and Yadong Luo，2001），因为关系资本需要持续投资加以维护，这部分费用不一定少于净利润增长。还有研究指出，关系资本对企业绩效的影响程度受到企业自身特征和大环境的影响，比如企业规模、产权类型、行业整体绩效等（张方华，2006；宋方煜，2012；杨孝海，2007），而且不同类型的关系资本对企业绩效的影响也不同（宋方煜，2012）。

总体来讲，大多数研究支持企业关系资本对企业是发挥积极作用的，主要可以归纳为以下七点：

一是获取信息。知识经济时代，企业面临优质信息筛选、冗余虚假信息剔除的天然任务。显性知识固然容易获得，但其价值较小；隐性知识价值虽大，却较难获得。通过嵌入关系网络，成为网络的"局内人"与网络中成员建立良好的合作关系，构建伙伴间信息共享机制，可以拓宽企业的信息来源渠道，获取更多优质信息资源。

二是促进创新。当今市场环境是高度竞争的环境，企业面临的境遇是不创新即灭亡。只有不断创新才能使企业保持竞争优势地位。企业间关系资本在产生与维护的过程中，深化了组织与组织的交流互动，加深信任、友谊程度，从而促进双方进行知识、信息共享，并在互动过程中相互碰撞激发新知识、新创意，提高创新水平。

三是提高企业处理冲突的能力。关系资本为企业和其职员提供了学习的途径，然而不同的组织间相互学习的过程难免发生冲突，如何处理这些冲突就显得非常重要，也直接影响相互之间的关系和学习的效果。企业关系资本天然带有双边的信任、承诺等因素，在组织间出现冲突时，双方的信任感能深化互动，并在互动过程中使可能的冲突明朗化，进而加以解决。

四是创造关系性租金。关系资本是企业互动中形成的信任、默契等特质，关系企业间进行的金融、信息、资源等共享行为造成了关系网络资源的再配置，这种依赖于特殊关系的配置方式能降低交易成本，为企业创造额外收益。这种额外收益或超额价值被称为关系性租金，是企业在经济活动中利用关系资本赢创的。

五是防范机会主义行为。企业关系资本是企业在嵌入特定的社会关系网络中，与网络成员间产生的关系性资源。这种资源是基于网络成员的高度信任维系的。由于关系企业共存于同一个关系网络中，任何恶意违约或不遵守游戏规则的行为都会毫无保留地暴露在网络成员面前，这样该企业失去的不仅是一个合作伙伴，而是整个网络带来的发展机遇。无疑这个代价太昂贵了，所以任何关系企业都不会轻易采取机会主义行为。

六是挖掘企业机遇。关系网络中各企业之间的互动、分享过程能促进网络资源再配置（Ruth Blatt，2009），在此过程中各关系企业可以有目的的收获其所需资源，比如市场信息、融资咨询、行业发展风向标等。在与若干关系企业交易、合作的过程中，企业可接触到的市场、政策、行业发展等方面的信息大幅提升，从中挖掘、筛选有益发展机遇的可能性也得到提升。

七是获取关键资源。企业关系资本在获取企业所需关键的市场、技术、人力、资金、知识资源方面作用十分明显。由于关系双方的信任与友谊，关系方乐于提供对方急需的关键资源，以帮助对方顺利渡过其发展的某一关键时期。同时加强双方间的关系强度，为本企业获取未来收益打好基础。

2.2 知识转移

知识转移是知识经济时代企业取得竞争优势的基础（Hansen，1999；Karlsen，et al.，2004）。管理者和理论研究者的研究发现，知识渐渐比人力、资金等传统资源更加重要，而且更加难以获取，所以，对于知识有效管理和高效利用成为企业取得持续竞争力必要的能力。作为本书的重要变量之一，本书对知识转移的概念、维度、企业间知识转移对企业创新的影响等进行简要的回顾。

2.2.1 知识转移的概念

知识转移的概念最早是由 Teece（1977）提出的，他在对跨国技术转移的研究中，提出了知识是可以转移的设想，国际组织间的知识、技术转移可以为原子企业存蓄大量跨国界、跨领域的可用知识。此后，Szulanski 于 1996 年提出知识发出与接收的转移模式，正式提出知识转移的概念，并将知识转移定义为"知识发出方"与"接收方"在组织内部或组织间实现知识交换的过程。关于什么是知识转移，不同学者从不同角度给出了不同的答案，归纳起来大概可分为两种。

第一，从知识转移的过程角度。过程学派认为知识转移就是实现知识从发出者到接收者的传递的过程。Davenport 和 Prusak（1997）从过程视角将知识转移拆分为知识传递、知识吸收两个序贯过程。他认为将知识从一方简单传递到另一方并不能代表知识的成功转移，只有知识接收

方消化并吸收了知识，才可以认为知识已经实现了转移。Argote 和 In-
gram（2000）把企业组织间通过多种渠道分享知识从而促进知识利用率
的过程定义为知识转移。国内研究中，谭人鹏和霍国庆（2005）认为知
识转移是在特定的情境中实现知识从发送者到接收者的传播过程。在此
基础上，马庆国（2006）进一步发展了知识转移的内涵，认为知识转移
不只是知识从发送方到接收方的物理移动，还包含接受方通过学习吸收
将其转化为自身的知识并指导自身行为。

第二，从知识的利用角度。强调转移效果的研究者着重关注知识转
移结果，认为知识转移是知识接收方对所获取知识的吸收与内化
（Zander，1991），知识转移成功意味着知识接收方能够利用新知识进行
生产和运营（Kogut，1993）。比如，Darr 和 Kurtzberg（2000）认为当知
识发送方所传递的知识被知识接收方使用时，知识转移才算作真正发生
了。Dong-Gil（2005）通过对 ERP 系统中项目实施顾问与项目实施方之
间的知识转移展开的研究，界定知识转移是知识在知识接收方与知识源
之间的传递，并在此过程中使知识能够为接收方所吸收和应用。Argote
和 Ingram（2000）定义知识转移是一个组织被其他组织的经验所影响的
过程。这也是被诸多研究知识转移的学者广泛采用的定义。国内研究
中，董小英（2004）从扩展知识价值的角度，将知识转移定义为把已经
被实践证明为有效的知识或技能，传递、应用到另一个不同的环境中，
实现知识产出和应用规模的提升。

当然，还有部分学者从其他角度定义知识转移。比如，Hendriks
（1999）和 Holtham（2001）从重构视角考虑，认为知识转移除了知识的
点对点传递，还应包括知识在接收方的"重构"的过程。国内的左美云
（2006）从转移动力的视角出发，认为知识持有主体所具备的"势能"
不同，势能高主体的知识单向流向势能低的主体，此过程中还伴随着知
识使用价值的让渡和主体间的交易行为。

从以上知识转移的研究可以看出，企业间知识转移包含两个基本要

素：一是强调过程，即知识从一方到另一方的传播；二是强调结果，传播的知识要能够被接收者消化、吸收和利用。

2.2.2 知识转移的测量

知识转移测量的研究成果比较丰富，虽然各个研究的具体指标不完全一致，但几乎都遵从知识转移的定义从转移过程和转移效果两个方面设计题项，测量知识转移。

O'Dell 等（1999）的研究中，将知识看作是一种产品，认为可以通过收入的增加幅度，产品生产和生命周期的缩短规模，以及企业对其所获取知识的再利用程度等维度来测量知识转移。O'Dell 等人的观点体现了企业运营战略中知识产权领域的管理思想，即通过附加的财政收益来衡量企业的知识资产以及企业目前与未来的绩效表现。这种测量方法也成为其后关于知识转移纵向研究的测量标准。

Smith（2001）的研究中首先关注了转移客体——知识，认为显性知识与隐性知识是不同质的，转移效果及其测量都应给予区分对待。他的研究中指出，显性知识转移的效果往往也呈现显性特征，有可观测的转移成果，因此显性知识转移的测量可直接衡量其转移成果；而隐性知识转移的效果则往往呈现隐性特征，没有直接可观测的成果，对隐性知识转移的测量则可通过转移绩效来衡量。

Yli-Renko 等（2001）对社会资本与关键客户的关系研究中，引入了知识转移作为中间变量，在实证研究中，从转移过程和效果的共同视角设计了4个指标衡量知识转移：（1）由于我们与客户的合作关系，我们可以得到丰富的市场知识；（2）我们能够从对客户的需求变化趋势分析中得到大量有价值的知识；（3）由于我们与客户的合作关系，我们可以得到丰富的技术知识；（4）我们能够得到丰富的技术知识缘于我们致力于在产品和服务方面与客户建立良好的关系。

Ardichvili（2003）的研究中认为可以用知识转移带来的收益来测量知识转移。这些收益既有定性的也有定量的，在其实证研究中，Ardichvili 设计开发了包含 3 个项目的量表体系来测量知识转移：（1）获取的新知识是否可以帮助企业的新人快速适应新的工作环境，提高生产效率；（2）获取的新知识是否能为不同地域环境的团队提供一个通畅的、使彼此能相互沟通并展开合作的交流平台；（3）获取的新知识是否能够为企业提供更丰富的实践指导和经验数据。

Cummings 和 Teng（2003）也从知识转移的效果着眼，认为将要传递的知识成功地从发出方转移给接收方则视为成功的知识转移。他们在实证研究中，从技术的角度设计开发了 5 个题项作为测量知识转移的维度量表：（1）在某个限定时间内转移的知识的数量；（2）转移行为是否及时，即知识是否在其最被需要的时候得到转移；（3）转移的支出是否超出财务预算，及知识接收者是否满意；（4）知识转移是否切实帮助接收者优化其知识构成；（5）知识接收者得到知识的效果是否达到发送者的满意程度。

Ramasamy（2006）研究企业间关系与知识转移的关系时，采用了 5 个题项指标来测量知识转移：（1）关联企业愿意与我方分享知识的程度；（2）关联企业在合作中对他们工作的保密程度；（3）我方工作人员可以在关联企业的任何地方就任何问题展开自由讨论；（4）在这些自由讨论的地方我方可以比较便捷的观察到关联企业的活动；（5）关联企业能够提供有价值的信息给我方的管理者。

从以上对相关文献的归纳分析可以看出，对知识转移的测量更多的是从转移效果着眼，也有研究从转移效果和转移过程共同的视角出发。这些研究中，无论从哪个角度出发来测量知识转移，都认可衡量知识转移的最基本的因素是"理解"，即知识接收方对转移客体（知识）的消化、吸收以及利用的效果。

2.2.3 知识转移的影响因素

为了清楚展示影响知识转移的因素有哪些，本书首先对比较有代表性的知识转移影响因素研究模型做一个简要回顾。

2.2.3.1 Simonin（1999）的研究模型

Simonin（1999）的研究模型中强调了知识的模糊性对企业间知识转移的影响。研究中将知识转移的影响因素归纳为知识的特性、转移主体双方的特性、转移的情境因素等方面，共7个子因素。同时指出这些因素对知识转移的影响并不是直接的，需要通过知识模糊性的中介作用实现影响。如图2.1所示。

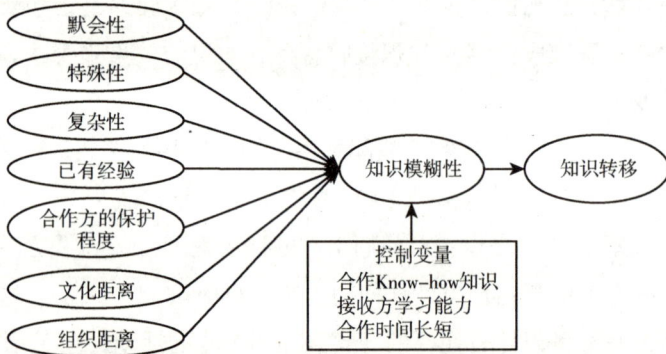

图 2.1 Simonin（1999）的知识转移影响因素模型

资料来源：转引并翻译自 Simonin（1999）。

2.2.3.2 Cummings（2003）的研究模型

Cummings 和 Teng（2003）分析不同研发团队间的知识转移发现，知识转移的影响因素包括知识情境、受体情境、行为情境和相关情境四类。他们研究开发了每类情境因素的子因素，并进行相关实证检验，验证了各个因素对知识转移的作用效果。模型框架如图 2.2 所示。

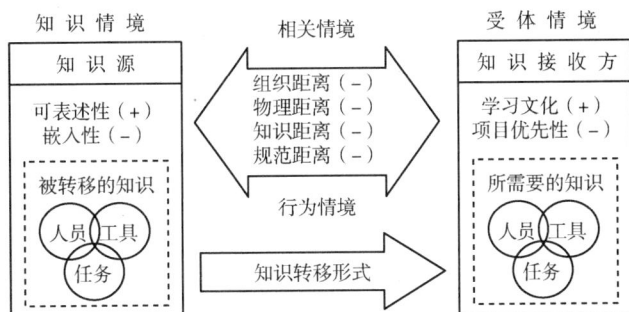

图 2.2　Cummings 和 Teng（2003）的知识转移影响因素模型

资料来源：转引并翻译自 Cummings 和 Teng（2003）。

除此两个分析模型之外，也有其他学者提出过知识转移影响因素的研究框架。比如，Albino（1999）等学者将沟通理论引入知识转移影响因素的研究，提出知识转移的影响因素包括四类，转移主体、转移内容、转移情境和转移媒介。Szulanski（2000）的研究中提出了知识源、知识接收方、知识的内容、知识转移的途径、知识转移的情境五个要素共同影响知识转移。

由此可见，学者运用不同的理论、从不同角度探讨了影响企业间知识转移的因素。虽然各个学者提出的影响因素不甚相同，但这些因素大体可以被分为知识转移主体（即知识本身）、客体（即知识发出方和接收方）以及转移情景三类。

第一，知识本身的影响。Raymond（2008）研究发现，知识的模糊性对企业间知识转移有重要影响。知识的模糊性一方面体现了知识本身的复杂性、专用性程度，另一方面体现了知识在运用过程中的默会性。知识的模糊性是一把"双刃剑"，一方面有助于保护企业知识产权不被侵害，防止自身知识被竞争对手恶意模仿，从而可以有效地维系自身竞争优势；另一方面对知识在企业间的有效转移则产生不利影响。大量实证研究发现，知识模糊性程度与企业间知识转移成功率呈现显著负相关关系。知识的显性或隐性特征也是影响知识转移的重要因素。Zander（1991）和 Leonard（2005）的研究发现知识的可表达性会显著影响知识转移，即更容易被表达的显性知识在组织间的转移更容易实现，而隐性知识的转移难度较大（C. W. Holsapple，2008）。

第二，知识转移主体的组织特征。比如，企业规模、所有制性质、成立年限以及知识吸收能力等。目前普遍认为，企业规模与知识转移正相关，因为规模大的企业有更强的能力和更多的可支配资源来整合、吸收、利用新知识。企业的成立时间与知识转移负相关。因为成立时间较短的企业的认知和关系模式尚未形成，较容易改变，而随着企业经营时间的延长，企业学习、适应环境的能力逐渐减弱。而知识吸收能力与知识转移正相关，知识吸收能力强的企业更容易消化、理解外来知识，促进知识转移的成功。Kelley（1973）详尽分析了知识主体特征度对知识转移行为的影响，认为知识主体特征对转移绩效影响巨大，具体表现为知识接收者会按照自己的标准评判知识是否被准确表达，缺憾是这种评判带有主观性，容易造成认知或行为误差。刘洪（2005）通过仿真实验证实了 Kelley 的结论，认可知识主体的重要作用，从知识发送方着眼认为知识发送方的可信程度与影响力对知识转移效率有深远影响（孙婷，胡远华，2010），发送方的可信度越高，知识转移效率越好，知识被接收方吸收越充分。疏礼兵等（2009）研究显示知识转移效率受到知识发送方的发送意愿与表达能力的影响。类似的，张怀世（2010）提出知识发送方的知识保护意识、知识传递经验或能力是影响知识转移的重中之重。

第三，企业的社会资本。前文关于企业社会资本的总结中，我们提到社会资本一般可划分为结构、关系和认知三个维度（Nahapiet and Ghoshal，1998）。企业社会资本的结构维度是关系主体间的关系链接模式，反映了网络密度、网络中心度等非人格化特征。网络密度反映了企业在关系网络中具有的外部关系的数量，数量越多代表能够为企业提供信息、知识等资源的潜在组织越多，企业的知识资源获取途径越丰富，发生知识转移的概率越高。网络中心度体现的是企业在网络中的位置特征，占据核心位置的企业相比边缘企业更能够多途径的搜寻相关知识，并借助自己的网络核心地位使自己在后续的合作中占据有利地位，促进知识转移成功率的提升。按照 Nahapiet 和 Ghoshal（1997，1998）的观点，企业社会资本的关系维度反映了合作企业间的信任水平和关系强度。信任因素能够促使知识发出方更愿意帮助知识接收方理解、整合、利用新知识，同时能促使知识接收方从主观上努力理解、整合新知识，而不去怀疑所接收知识的准确性。在这两种力量的共同作用下，促进知识转移的成功。关系强度反映了关系双方合作关系的紧密程度。关系强度高意味着合作双方的交流、沟通比较频繁，关系更加密切，更有利于知识的传递和转移。企业社会资本的认知维度反映了合作双方对彼此文化的认可程度和双方价值观或愿景规划的耦合程度。若合作双方间具有较为类似的、可共享的价值观或愿景规划，则更有利于双方之间进行顺畅的沟通和交流，增进对彼此的了解，进而有助于双方共同构建一个可共享的合作机制或平台来实现知识转移。文化距离反映了合作双方在文化背景方面存在的差异程度。较高的文化距离意味着双方在行为模式、思维方式等方面将会出现比较大的差异，而这无疑会不利于双方的交流和沟通，增加双方合作的困难程度，阻碍知识的传递和转移。

2.2.4　知识转移与企业创新的关系

大量学者关注知识转移对企业创新行为或绩效的影响，其中大多数的研究认为二者之间是正相关关系。众多研究中，本书重点梳理、归纳了企业的知识转移与创新绩效的研究脉络，具体阐述主要从以下两方面进行：

（1）企业内部知识转移对企业创新绩效的影响。Shenkar 和 Li

（1999）通过对跨国公司母子公司之间的知识转移与企业创新绩效之间的关系的实证研究，验证了知识转移与创新绩效的正相关关系。Tasi（2001）从企业社会网络的分析视角，探析了企业内部组织单元的网络地位、单元间知识转移与创新能力的关系，研究结果显示，处于网络中心的组织单元比其他位置的组织单元能更高效地进行知识转移，进而也拥有更强的创新能力。Leiponen（2005）则从一个全新的视角，讨论企业员工的个人素质对知识转移及创新绩效的作用。研究显示，掌握高技能的员工更多的时候同时具备更好的知识转移和知识消化能力，故而有更多高技能员工的团队的知识转移效果更好，其创新绩效的提高也更显著。国内研究方面，疏礼兵（2006）研究证实了企业的知识转移机制安排与被转移知识的特性之间的匹配程度对团队的知识转移绩效有显著的正向影响。毛荐其（2010）以组织的社会认知理论和社会资本理论为依托，认为组织对两种理论的整合运用能力与组织内部知识转移绩效间正相关。

（2）企业间知识转移对企业创新绩效的影响。Cavusgil 和 Calantone（2003）研究了隐性知识转移与创新间的关系，并行了相关实证研究。结果显示，企业间的合作经验、彼此间的关系、隐性知识的转移、企业规模等因素与企业的创新能力和创新绩效存在显著的相关性。Cassiman 和 Veugelers（2006）的研究认为，企业知识转移有企业与企业间的转移和企业内部各部门的转移两种，二者对企业创新绩效都有显著促进作用，相比而言前者的促进效果更显著。同时，与关联企业间有密集的知识转移行为的企业创新绩效提高程度更显著。Knudsen（2007）从企业间关系紧密度的视角，利用大样本数据对不同企业间的知识转移对企业创新绩效的作用进行了分析，分析结果显示，关系更紧密的企业间通过知识转移所能获得的知识往往与自身拥有的知识较为类似，对企业创新的作用不太显著；而关系较为松散的企业间，由于具有的知识更具互补性、差异性，他们之间的知识转移对企业的创新行为和创新绩效往往有

着更为明显的促进作用。Rhodes 等（2008）将组织学习和关系资本，知
识转移和企业绩效纳入一个模型框架之内进行综合分析，收集了台湾地
区 661 家样本公司的数据，验证了企业间知识转移与企业创新绩效之间
的正相关关系。Yang 等（2011）对销售型企业社会资本的研究中，得
出销售企业的外部社会资本对其绩效具有显著的正向影响。国内研究方
面，张方华（2006）对企业外部资源获取与技术创新绩效的关系进行了
相关实证检验，经实证分析发现知识转移行为可以助力企业获取稀缺知
识，然后通过充分吸收和运用所获取的知识能够明显地促进企业创新绩
效的提升。

2.3　企业网络能力

2.3.1　企业网络能力的概念

经过不断演化，企业网络从众多社会网络中逐渐独立出来，被指为
企业与客户、供应商、合作伙伴、竞争者、相关政府机构、中介机构、
服务机构等交往对象之间形成的相对稳定的关系网络。这个关系网络中
包含有不同的企业网络关系，Lee（2001）等从资源流动的角度，将企
业网络关系分为合作型（与客户、供应商、合作伙伴、科研院所等）和
资助型（与政府机构、金融机构等）。各种网络关系主体所拥有的资源
类型不同，对企业的价值贡献也各有不同，同时变化的政策、经济和技
术环境要求企业不断建立新的关系。虽然有些企业网络组织表现稳定，
较少发生变化，但典型的网络组织是受外部力量（环境变化等）和内在
力量（网络成员的变更等）的影响而动态发展的（Madhavan，1998）。
因此，企业成功地开发和管理其与其他组织间的各种网络关系的能力被
认为是企业核心能力的一种，称之为企业网络能力。

企业网络能力（networking ability）最初是由 Hakansson（1987）提出的，企业在网络中改善其所处位置、协调伙伴关系的能力被 Hakansson 定义为企业网络能力。随后，Gulati（1999）的研究中认识到企业和其他企业或机构等外部组织的关系不是一成不变的，会随环境变化而变化，而组织关系的变革会导致竞争格局的变化。因此，发展并管理与外部组织或机构的关系对企业而言至关重要，而这正是企业网络能力的内容。自此，网络能力逐渐得到学者的广泛关注，并逐渐有学者提出与企业网络能力相类似的不同表述方式，也逐渐深化了网络能力的概念。有学者从网络胜任视角提出网络胜任力（network competence）的概念。如 Johanson 和 Matsson（1988）认为网络胜任力是企业通过寻求和运用网络资源来获得竞争优势的能力。Ritter（1999），Ritter 和 Gemunden（2003，2004）等学者将由企业发起、维持并运用关系与网络来获取竞争优势的能力定义为网络胜任力。有学者从网络关系视角将网络关系能力看作为网络能力。如 Dyer 和 Singh（1998）将网络能力看作为一种企业通过形成、发展与支配伙伴关系来赢得竞争优势的网络关系能力（relational capability）。同样，Phan，Chris Styles 和 Paul Patterson（2000）也表述为网络关系能力，即企业拥有的对其获取、发展和维持互惠关系有促进作用的能力。有学者基于管理内涵界定网络能力。如 Moller 和 Halinen（1999）从产业、企业、组织间关系三个层面提出网络管理能力（network management capability）的概念框架，并将其划分为网络构想、网络管理、组合管理和关系管理四个具体子能力。也有学者从合作视角分析网络能力。如 Sivadas 和 Dwyer（2000）使用网络合作能力（cooperative competence）的概念，即参与创新的组织间相互调整的能力。Kale，Dyer 和 Singh（2002）认为企业网络能力可解释为联盟能力（alliance capability），个人或组织通过联盟可以获取相关知识、信息等资源，企业需要有意识的积累、整合这些知识，其中体现的即为联盟能力。Heimerik（2004）则定义联盟能力为企业获取、分享、传播和应用嵌入在联盟关系中的隐性知识和显性知识的能力。还有学者从战略层面将网络能力解读为战略网络能力（strategic network capability），如 Hagedoorn，Roijk-kers 和 Van Kranenburg（2006）的研究，将其定义为企业关于如何进行创新网络设置和合作伙伴选择的一种特殊才能。

　　国内的学者大多直接采用网络能力的概念。徐金发、许强、王勇（2001）将其解读为企业发展、管理与网络其他组织关系的能力，该能力能够助力企业搜寻、运用网络资源，赢取竞争优势。慕继风、冯宗宪、陈芳丽（2001）认为网络能力是企业为了匹配组织的网络化成长所必需的培育、发展、管理组织间关系的能力。王夏阳、陈宏辉（2002）从网络能力的构成上，将企业与其竞争对手、供应商、客户、分销商及政府的关系函数共同视为网络能力。邢小强、全允桓（2006）研究认为网络能力是企业识别网络价值、发展机遇，参与建构网络关系结构的动态能力。借由这一能力企业可以在各层次网络关系中挖掘稀缺资源，甚至引导网络合理变革。

　　本书汇总整理了近年来国内外学者关于企业网络能力及其相关概念的主要研究成果，统计如表 2.4 所示。

表 2.4　　　　　　　　　　　　网络能力的相关概念

相关概念名称	概念内涵	研究者
网络能力	企业改善其所处网络位置、协调伙伴关系的能力	Hakansson，1987
网络胜任力	企业通过寻求和运用网络资源来获得竞争优势的能力	Johanson 和 Matsson，1988
网络关系能力	企业构建、发展与支配伙伴关系，借以赢得竞争优势的能力	Dyer 和 Singh，1998
网络胜任力	由企业发起、维持并运用关系与网络来获取竞争优势的能力	Ritter，1999；Ritter 和 Ge-munden，2003
网络管理能力	包括网络构想、网络管理、组合管理和关系管理四个方面的网络综合能力	Moller 和 Halinen，1999
网络关系能力	企业拥有的对其获取、发展和维持互惠关系有促进作用的能力	Phan，Chris Styles 和 Paul Patterson，2000

续表

相关概念名称	概念内涵	研究者
网络能力	发展和管理外部网络关系的能力	徐金发等，2001
网络能力	为了匹配组织的网络化成长所必需的培育、发展、管理组织间关系的能力	慕继风，冯宗宪，陈芳丽，2001
联盟能力	个人或组织通过联盟可获取知识、信息等资源，企业有意识的积累、整合这些资源的能力	Kale，Dyer 和 Singh，2002
联盟能力	企业获取、应用和分享、传播嵌入在联盟关系中的隐性与显性知识的能力	Heimerik，2004
战略网络能力	企业关于如何进行创新网络设置和合作伙伴选择的一种特殊才能	Hagedoorn，Roijkkers 和 Van K.，2006
网络能力	企业识别网络价值、发展机遇，参与建构网络关系结构的动态能力	邢小强，仝允桓，2006
网络能力	由协作安排、关系维护、知识共享与内部沟通构成的多维度综合能力	Walter，Auer 和 Ritter，2006
网络能力	企业集聚、整合、配置网络资源并协同企业内部资源以改善企业绩效的能力	方钢，2008
网络能力	识别外部网络价值与机会，发展、维护与利用各层次网络关系以获取信息和资源的动态能力	任胜刚，2010

经上述文献梳理，虽然众学者对网络能力究竟该怎么命名意见不一致，但对其内涵的认定并不矛盾，归其本质网络能力是企业对网络关系的选建、管控、运用，以挖掘网络中蕴藏的可用资源同时协同组织内部资源，通过对内外资源的整合、合理配置来改善企业的市场、财务、创新等方面绩效。

2.3.2 企业网络能力的构成与维度

本部分按时间顺序逐一梳理关于网络能力维度划分的代表性观点，以厘清国内外企业网络能力维度研究的轨迹脉络。

2.3.2.1 Ritter 等学者的网络能力模型

作为第一批较为系统、全面的构建网络能力模型的学者，Ritter（1999）等学者将企业网络能力拆分为二，其一是企业具有的网络管理资格（qualification），其二是任务执行力（task execution），如图2.3所示。

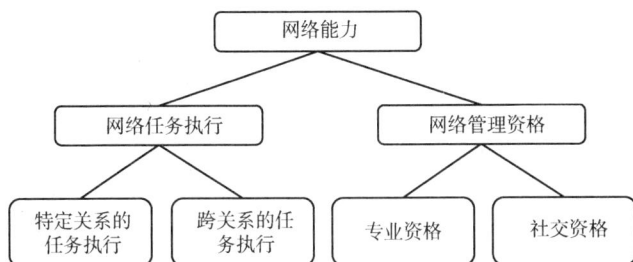

图 2.3　Ritter 等学者的网络能力模型

资料来源：转引并翻译自 Ritter（1999）。

在上述 Ritter 等学者的网络能力的分析框架中，网络任务执行是可重复的行为，具有动态性特征，既包括指向特定关系的发起、交流和协调任务，又包括指向跨关系任务的计划、组织、人员配备和控制任务。网络管理资格是企业实施这些可重复行为时所必备的技能、技巧，包括实施特定任务的专业资格与实施跨关系任务所需的社交资格，属于企业的能力禀赋，具有静态特征。只有具备网络管理资格才能合理合法的执行网络任务；在执行网络任务的过程中积累管理经验又可以助力提升网络管理资格获取概率，总之，网络能力的这两个方面是交互促进、循环发展的关系。

2.3.2.2 Moller 和 Halinen（1999）的网络能力框架

Moller 和 Halinen（1999）从关系管理理论出发，提出了更为丰富的网络能力框架。他们认为企业处于一个巨大的社会网络中，该网络由客户、竞争者、供应商共同构成，为了获得并保持自身的竞争优势，企业必须发展面向关系构建和管理的网络能力。研究中还进一步设计了包含网络层次、网络中的企业层次和组织间关系层次三个层面共四种类型的子网络能力。Moller 和 Halinen 的分析中，四种子网络能力分别为：网络规划能力，是网络层次上的一种独特战略视角，是企业对网络演化发展的预测并据此挖掘、识别自身发展机遇的能力；网络管理能力，属于网络中的企业层面，主要指企业协调网络资源使其合理配置，并在此过程中优化自身网络位置的能力；组合管理能力和关系管理能力均是组织间关系层次上的能力体现，前者是基于整个网络背景筛选关系伙伴的能力，后者是与特定关系伙伴的关系管理能力。

2.3.2.3 徐金发等学者（2001）的企业网络能力分析框架

作为将网络能力研究引入国内的首批学者，徐金发、许强、王勇（2001）在构建网络能力分析框架时主要关注了网络的本质特征（包括发展目标集体化、专业资产联合化、控制过程共享化），以此出发点从战略、网络、关系三个层次界定了三个维度企业网络能力，即网络构想能力、角色管理能力、关系组合能力。如图 2.4 所示。战略层次的网络构想能力主要指企业以战略视角识别、规划、发展有益网络关系的能力；网络层次的角色管理能力主要指企业在发展战略指导下，规划自己在网络内的地位角色，然后依据角色需要，与网络其他组织开展有目的的合作以完成特定任务或项目；关系层次的关系组合能力则是企业有效协同自身资源与供应商、顾客、竞争对手等网络关系的资源的能力，通过资源的协同、整合，提升组合资源价值，同时助力企业发展。

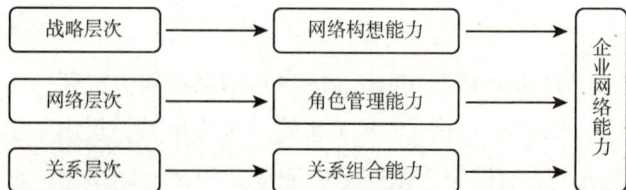

图 2.4 徐金发等学者的企业网络能力分析

资料来源：转引自徐金发、许强、王勇（2001）。

2.3.2.4 Hagedoorn 等学者（2006）的战略网络能力分析框架

Hagedoorn，Roijkkers 和 Van Kranenburg（2006）以社会网络理论和战略理论为理论基础，分析认为企业在创新网络中应该占据网络中心位置，这样有利于获得丰富的信息、提高企业声誉，从而便于企业筛选最优的合作伙伴，保证企业的创新。同时，从战略角度讲还要注意创新网络的效率问题，使网络保有一定的结构洞，这样的好处是可以减少冗余关系链接，节约关系维护成本，而且冗余关系能够提供的资源或信息是同质的，加大了企业信息甄选工作量与投入。Hagedoorn 学派提出构建高效网络需要企业具备两方面网络能力，指向关键网络位置的网络关系能力和指向运作效率的网络运营能力。这两方面网络能力都有助于提高企业参与相关合作活动的水平，进而获得有价值的信息、提高创新水平。

此外，关于企业网络能力的比较有代表性的研究还有 Lorenzoni 和 Lipparini（1999）的关系、整合、吸收三个维度网络能力构成学说，我国学者邢小强、仝允桓（2006）的四层次企业网络能力结构分析，方刚（2008）的战略性、操作性网络能力划分等。本书不再逐一介绍。

从以上代表性文献归纳解读可以看出，研究者对企业网络能力的分类、维度的认识尚未统一。归结起来主要有三种思路或视角。一是从动态或静态因素考虑企业网络能力的构成。如 Ritter（1999）构建了网络能力二分模型，将网络能力拆分为体现动态特征的网络任务执行能力和体现静态特征的网络管理资格。国内学者邢小强、仝允桓（2006）主张网络能力是企业识别网络价值、挖掘发展机遇、建构维护网络关系、获取有益资源的动态能力。任胜刚（2010）继承了此观点，也认为企业网络能力是动态能力的一种。二是从战略或操作层面梳理企业网络能力的维度。如 Hagedoorn 等（2006）从战略高度将企业参与创新网络发展规划、甄选关系伙伴的能力定义为战略网络能力。Moller 和 Halinen

（1999）从可操作层面解析了网络管理能力。国内研究者方刚（2008）则包容性的认为网络能力包含战略、操作两个层面，并进一步指出战略层面为网络规划能力，操作层面为网络配置能力、网络运作能力和网络占位能力。三是从外部或内部角度划分企业网络能力。Sivadas 和 Dwyer（2000）、Phan，Chris Styles 和 Paul Patterson（2000）与 Heimerik（2004）从企业外部着眼，认为网络能力是联盟、合作等的关系管理能力。具体可分为三个维度，即联盟知识的获取能力、传播能力、应用能力。而 Walter，Auer 和 Ritter（2006）则着眼于企业内部，认为网络能力由协作安排、关系技能、伙伴知识、内部沟通四个要素构成。总之，对于怎样划分网络能力尚未达成统一意见。在实证研究中，有学者根据上述不同视角各自开发出企业网络能力的维度，也有学者将网络能力看成单一维度进行测量。本书也将在众学者研究的基础上，开发适合本研究对象的维度设计。

2.3.3　企业网络能力与创新的关系

嵌入网络中的原生企业在长久的磨炼、学习中能够形成某种特殊的能力，比如学者们界定的网络胜任力（Johanson and Matsson，1988；Ritter，et al.，1999，2003）、网络管理能力（Moller and Halinen，1999）、联盟能力（Kale，Dyer and Singh，2002）、网络关系能力（Phan，Chris Styles and Paul Patterson，2000）、战略网络能力（Hagedoorn，et al.，2006）等。根据学者们的研究成果，拥有了这些特殊能力的企业往往能够更有效地与合作伙伴进行互动，提高自己的知识获取能力与知识转移能力，并最终提升企业的创新水平。在对企业网络能力的关注者中，国外学者 Ritter 针对网络胜任力的概念，进行了一系列的深入研究。他于1999年以德国中型企业为研究对象，首次提出网络胜任力的概念，探讨了企业的网络胜任力对产品创新与工艺创新的影响机理，并得出二者显著正相关的结论。随后，Ritter 与 Gemunden（2003，2004）一起对企业网络能力展开联合研究。他们认为，企业技术创新面临多重困境，如创新周期缩短、技术难度提高、技术间交互影响缺乏独立性等，这些都使得创新的成本一再提高。要想解决这些问题，一个重要的办法就是协作创新，而企业通过网络能力可以参与到其他企业的技术开发过程，从而提高企业网络能力能够使企业在创新中获利。Ting 和 Chiu（2009）运用网络分析法和回归分析法对台湾地区 18 家液晶面板生产企业的数据进行实证检验，结果表明企业的网络能力愈强其创新绩效愈好。

　　针对企业网络能力与创新的关系国内学者也展开了一系列的研究。邢小强、仝允桓（2007）首先用四分法将网络能力拆分为四个子能力，然后逐一讨论了它们与创新之间的关系。方钢（2008）用我国 84 家高科技企业作为研究样本，验证了网络能力对组织创新绩效的积极促进作用，并更为细致的指出若企业所在的创新网络类型不同，网络能力对组织创新绩效的促进程度也不同。邓英（2009）探讨了包含协控能力、柔性决策能力、运营能力三个维度的网络能力与企业竞争优势的关系，经验证三个维度网络能力均能提升企业竞争优势，且提升效果依序顺次增强。2010 年，任胜刚、马鸿佳和朱秀梅等研究者从路径视角分别探讨了企业网络能力如何影响创新绩效，通过对我国高新技术企业的调研，相继挖掘出企业网络位置与网络联结强度（任胜刚，2010）、信息资源获取（马鸿佳，2010）和知识资源获取（朱秀梅，2010）能够作为中介因素桥接网络能力与创新绩效的影响关系。而在这些研究之前，曹鹏（2009）就以我国长三角地区的制造企业为研究对象，探索性的提出组织学习能力能够传导企业网络能力对创新绩效的影响作用。曹鹏（2009）的研究将企业网络能力的应用范畴从高新技术产业拓展到其他行业中，对其后的企业网络能力研究具有重要意义。

2.4 企业创新绩效

2.4.1 创新绩效的概念

2.4.1.1 创新的概念内涵

创新的定义是非常广泛的，针对不同的研究重点，给出的关于创新的定义也略有不同。Cumming（1998）认为创新是新产品或新工艺的成功应用；McAdam 等（1998）将其看作是一个新的想法的创造；Chaharbaghi 和 Newman（1996）则更严格一些，认为新知识的创造才是创新。总之，不同领域给出的关于创新的定义五花八门，各有侧重。虽然创新的内容逐渐拓宽，但纵观学者们关于创新的内涵，大致可分为三个方面：一是产品创新。产品创新意指企业提供的产品或服务在外观、功能等方面的变化（Cooper，1998）。该学派认为创新就是有意识的引进新的产品创意、工艺流程、科技成果，将之运用到产品设计、开发或生产，借此给本单位带来经济利益（West 和 Farr，1990；Lukas 和 Ferrell，2000）。二是工艺创新。工艺创新是在企业的产品生产或服务运作过程中加入新的生产元素，如改变原料投入比、优化生产工艺流程等（Damanpour，1991）。针对工艺方面的创新定义支持者，如 Zaltman 等（1973），Rogers（1983）和 Knox（2002）等认为创新是采用一种更优质、更有价值的新想法、新实践或新方法。三是管理创新。管理创新主要体现为企业在组织结构、公司战略、规则程序上发生的变革（Hine and Ryan，1999）。它与组织的日常基本工作紧密相连。这类创新属于非科技类创新（Hine and Ryan，1999），只是组织内部的一种变化，是管理实践和管理过程的改变，并不直接造成产品、服务或生产工艺的革新。但管理创新的重要性也不容忽视，正如宝洁公司 CEO 曾说过，我们非常努力地试图把创新变成一种战略和一个过程，一个好的团队、好的运作才能营造出良好的创新氛围，为产品创新和工艺创新做好后盾。

2.4.1.2　创新绩效

创新绩效是对企业创新活动与创新效率的直接评价，是企业创新结果在企业的综合反映。作为绩效的一种，它是一种可量化的概念。从字面上看，绩效是完成某项任务或目标。创新绩效就是企业的某项产品或工艺创新的任务或目标的完成。

通常来讲，创新绩效是对一个企业技术创新水平的综合评价，一般较难给予明确的界定（Drucker，1993）。理论学界对创新绩效的定义一般表述为企业的技术创新活动对企业总体运营效率和效能的贡献程度。当然，不同学者针对不同的研究对象，对创新绩效也给出了不甚相同的界定。Cordero（1990）主张从技术、营销、财务三部分来解释公司的创新绩效效应。后续学者沿用此主张的比较常见。美国学者 Betz（1993）主张从过程创新、产品创新和服务创新的角度来定义创新绩效。学者 Tidd 在其 1995 年的研究中对此定义表示了支持。Curba（2001）开创性的从广义和狭义两方面定义创新绩效。他认为，狭义创新绩效指的是企业将创新引入到市场评价机制的效果，而广义的创新绩效指的是一个新概念从产生到将其运用到创新技术继而导入市场的完整过程中形成的发明、技术和创新三方面的共同绩效。与 Curba 的观点相类似，Ari（2005）也主张以创新概念萌生到最终形成的整个过程中的产品创新或过程创新活动可以为企业带来的绩效提升来衡量企业创新绩效。一些学者赞同抛开创新的过程因素仅从结果要素考虑，从工艺和产品创新两方面来度量创新绩效，比如 Fritsch 和 Lukas（2001），Belderbos 等（2004）和 Jantunen（2005）。也有研究者主张从创新的程度来定义创新绩效。如 Rochford 和 Rudelius（1997）从产品创新的视角出发，将企业的产品创新划分为全新产品创新和已有产品改良两种类型，并从这两方面来定义产品的创新绩效。国内研究方面，对创新绩效的界定同样呈现百家争鸣的态势。林文宝（2001）赞同 Curba（2001）和 Ari（2005）的观点，主张从产品创新绩效和过程创新绩效两个方面来定义企业创新绩效。刘满凤（2005）从资源的投入产出角度考虑，认为企业创新绩效是企业通过对其创新系统投入一定的资源要素，所取得的产品或技术的新效果和生产效率提升。翟运开（2008）则借助实证研究的方法，认为应从广义的角度度量企业创新绩效，具体来讲，企业创新绩效应包括技术创新、知识创新、管理创新三个方面。

从国内外研究者对企业创新绩效的定义我们可以得出，企业创新绩效是一个比较宽泛的概念，是对企业创新活动整体效果的衡量。通常，企业的技术创新活动对企业运营效率的作用是最为直接和明显的，是目前实证研究中衡量企业创新绩效经常采用，也是最为客观的方法。本书的实证研究中，也将采取将企业创新绩效定义为企业技术创新活动给企业运营带来的效率提高的方式。

2.4.2 企业创新绩效的影响因素

鉴于多种研究领域的研究内容包含企业创新，各个领域的着眼点不同，引致企业创新的相关前因变量也不同。Rothaermel Frank（2007）认为企业创新主要受到个体、企业和网络三个层面因素的驱动。个体层面主要指企业家、管理人员及相关技术人员的个人特征对企业创新绩效的影响。比如，Eggers 和 Kaplan（2009）将个人性格特征、职业技能、学习效率等多方面的个体因素引入到创新的研究中；我国学者王燕飞（2005）也将组织创新绩效的研究中加入了个人变量的影响；杨建军（2007）指出企业中个人的沟通因素对创新绩效有显著作用。企业层面主要指企业本身及企业内部各因素对创新的重要作用，该指标体系主要包含企业的规模、企业的激励制度、企业的组织结构类型、企业的文化、HR 管理、战略定位、基础设施和设备的水平等。比如，Gupta（2012）通过实证检验验证了企业内部各个部门之间的良好协作对企业创新有促进作用；谢宏明、葛志良（2007）和王晓耘、江贺涛（2007）等也曾探析企业文化、企业的激励机制等因素对技术创新绩效的影响机制。网络层面主要指本企业与外部组织或个体（包括上游供货商、目标客户、现实和潜在竞争者、政府机构、金融机构等）之间的业务联系或互动关系。主要体现为技术竞争与合作、知识溢出与转移、社会资本或关系资本、融资、政策支持等。比如 Jaffe，Levin 和 Reiss（2008）研究了知识溢出效应在创新过程中发挥的作用；国内研究者张彦明等（2012）探讨了企业关系资本对研发联盟网络创新绩效的影响；王雷（2013）从知识溢出和学习效应的视角分析了外部社会资本与集群企业创新绩效的关系。除了以上三种因素，还有学者认为环境因素，如企业所处的市场环境和宏观政策环境等，具体包括行业的垄断程度、市场化程度、行业细则、政府政策等，也对企业创新有影响。比如，马宁、官建成（2000）指出行业政策会影响企业的专利数量；买忆媛、聂鸣（2003）指出国家的宏观经济制度显著影响企业创新绩效。

本书的基本内容是关系资本对创新绩效的影响，故而我们将对企业社会资本、关系资本与创新绩效的关系研究做一个简要回顾。

Lee 和 Sukoco（2007）用信任、承诺和互动三个指标测量企业内部社会资本，选取知识管理能力为中间变量，借助结构方程模型进行社会资本与创新的实证研究。实证结果显示，企业家导向（entrepreneurial orientation）对组织知识管理能力、产品或工艺创新以及组织有效性（organization effectiveness）具有积极的影响；知识管理能力对创新和组织有效性影响显著；企业社会资本在企业家导向和知识管理能力与创新和组织有效性的关系中起到正向调节作用。

张方华（2004）以知识性企业社会资本对技术创新绩效的影响为研究内容，继承了边燕杰等（2000）对企业社会资本的分类方法，将其分为纵向关系资本（与客户、供应商的关系）、横向关系资本（与竞争对手、其他企业的关系）和社会关系资本（与大学和科研机构、中介机构、政府机构、行业协会、金融机构等的关系），并选取了信息获取、知识获取和资金获取3个中间变量，探讨企业社会资本如何影响技术创新绩效。实证分析验证了纵向关系资本、横向关系资本和社会关系资本三个维度都能够通过研究选取的中间变量间接影响企业的技术创新绩效。

薛卫、雷家骕、易难（2010）以契约治理和关系治理为前因变量，利用142家企业调研数据对关系资本、组织学习与研发联盟绩效之间的关系进行了探索性研究。结论显示，关系资本和组织学习二者均是提升研发联盟企业绩效的关键因素；关系资本构建与组织的契约治理和关系治理有关；同时，企业所开展的组织学习要受到组织自身学习意图和组织关系资本的共同影响。

Sinead Carey（2011）提出一个综合性的模型框架，研究社会资本的关系、结构和认知三个维度之间以及这些维度与企业绩效之间的关系。通过对采集的163个企业与供应商和客户的关系数据进行分析，表明企业社会资本的关系维度对认知维度存在间接的影响，同时间接影响结构维度和企业绩效之间的关系。

Huang Jun（2011）以企业关系资本为研究视角，探索市场导向对创业企业共生联盟的稳定性所起的作用。结果表明，营销联盟企业的市场定位与企业关系资本的构建之间是互相促进的关系；关系资本能促进合作企业间的资源共享，进而影响联盟稳定性。

王雷（2013）基于上海浦东地区ICT集群的调研数据，检验了企业外部社会资本是否能够影响集群企业的创新绩效。实证研究显示，企业外部社会资本的三个维度（结构、关系和认知）对集群企业的创新绩效均没有直接影响，而需要通过知识溢出和学习效应的中介路径间接发挥作用。其中，外部结构资本可以通过知识溢出和学习效应两条路径间接影响集群企业创新绩效；外部关系资本和外部认知资本则只能通过知识溢出的路径对创新绩效发挥间接影响。

2.4.3　企业创新绩效的衡量

对于企业绩效的衡量，目前比较成熟的是综合运用企业的财务指标、运营指标、市场指标等。如 Lumpkin 和 Dess（2001）借助实证方法，从销售额、销售增长率、利润率三个方面开发了衡量企业绩效的量表。大多数研究采取财务指标来衡量绩效，是因为财务指标具有更为直观和较易获得的特点。但是，这种衡量方法的弊端也是比较明显的，它比较片面，只反映了企业经营的财务效果，不能反映全部的状况，可能会误导研究者对企业的绩效做出错误性评价。因此，相关研究逐渐将企业的创新、运营、技术革新等指标也纳入企业绩效的测量框架（Macher，2006；Heeley，2008；等）。对本书而言，我们研究的主要内容是企业关系资本对企业创新的效果，因此我们选取了企业绩效中的创新绩效作为因变量，而对财务、运营等方面不做重点研究。在实证研究前，我们首先对已有研究中对创新绩效的测量做一个回顾性总结。

当前学术界的实证研究中，对于创新绩效的测量方法并不一致，归纳起来主要有四种方法：一是对创新的内容进行主观或客观的评估。其中，主观评价指标主要包括新产品质量的提升（Moser，1984）、工艺流程的优化（Ruekert，1995）、产品市场占有率的提高（Danneels，2002）、企业发展机会的增多等。比如，Mohamed 和 Richard（1996）的研究中，从产品和服务、产品质量、产品生产工艺、企业营销战略、企业与政府的关系、企业与代理商的关系等 15 个维度设计量表，测量企业的创新绩效。客观评价指标主要包括生产工作进度、专利申请数（Hagedoom and Cloodt，2003）、相关报告或著作的数目（Foss and Laursen，2003）、研发投入等。如 Subramanian 和 Nilakanta（1996）的研究中，采用比较客观具体的平均创新数量、创新的平均耗时、本企业领先竞争对手推出创新产品或服务的时间三个指标衡量企业的创新绩效。Yli-Renko 等（2001）的研究中用企业在过去三年中开发的新产品或服务的数量来衡量企业创新绩效。二是用创新是否成功表征创新绩效。如Gemunden 等（1996）的论著中，用产品创新成功和工艺创新成功两方面来描述创新的结果，衡量创新绩效。同样持此观点的还有 Ritter 和 Gemunden（2003）。三是用创新所需资源的投入与产出指标衡量创新绩效。我们知道，没有投入就没有产出，创新也一样，创新绩效（即创新产出）必然会受到创新资源投入的影响。创新资源投入一定的情况下如何提高产出、产出一定的状况下企业能在多大幅度上减少投入，这是投入产出观中衡量创新绩效的两个方向（Cordero，1990），具体可进一步细分为技术、营销、财务等指标。这种方法的优点是，可以将创新绩效的改善责成到相关部门，如开发部负责技术绩效、市场部负责营销绩效等。四是利用一些管理工具衡量创新绩效。比如 Cooper（1976，1990）和 Krawiec（1984）分别应用 PERT 和 CPM 作为工具来测量在创新实施的各个阶段所耗费的时间，并以此作为企业创新绩效的评价标准。

关于企业创新绩效的衡量指标，本书将其汇总归纳如表 2.5 所示。

表 2.5　　　　　　　　　企业创新绩效的测量指标

测量指标	研究者
全新产品开发数	Moser，1985；Gemunden 等，1996；Yli-Renko 等，2001；Cooke 和 Clifton，2002；Hall 等，2002
重新设计的产品数	Hall 等，1999；Balkin 等，2000；Yli-Renko 等，2001；Danneels，2002
新产品开发耗时	Yli-Renko 等，2001；Cooke 和 Clifton，2002；Laursen 和 Foss，2003；Jantunen，2005
创新产品的合格率	Speneer，2003
创新产品的市场占有率	Hall 等，1999；Laursen 和 Foss，2003；Jantunen，2005

测量指标	研究者
创新产品的销售额贡献率	Hall 等，1999；Hgadeorn 和 Cloodt，2003
创新资源的投入与产出比	Cordero，1990
研发费用占营业额比重	Hall 等，1999
创新工作实际完成的数目	Hgadeoorn 和 Cloodt，2003
相关报告、著作的发表数	Hgadeoorn 和 Cloodt，2003
KEYS 量表	Amabile，1996
PERT、CPM 量表	Cooper 和 Schendel，1976；Cordero，1990

通过汇总、归纳可以发现，国内研究者对创新绩效的衡量大多是从技术创新对企业的效果考虑，比如张方华（2004）和韦影（2005）的研究中都采用了企业的新产品数、新申请的专利数目、新产品的销售贡献率、新产品的开发耗用时间和新产品的开发成功率 5 个指标构成的量表体系度量企业的技术创新绩效。但也不乏从产品创新和过程创新的角度测量创新绩效的研究，比如林文宝（2001）选用了涵盖产品创新和过程创新两方面共计 8 个题项构成创新绩效的衡量指标体系。还有国内学者从产品研发的费用投入和研发团队的人员构成两方面测度企业对创新活动的重视程度，并以此间接表征企业的创新绩效，比如黄家齐等（2003）的研究。

2.5　研究述评

2.5.1　对企业关系资本的相关研究简评

企业关系资本已从企业社会资本中分离出来，成为一个独立的研究课题。学者们对关系资本的研究视野也日趋开放，从最初的焦灼于对关系资本内涵的认定到逐渐将其引入到企业创新、知识管理等相关领域，探讨关系资本在企业创新、知识更新等经济活动中能否发挥作用、发挥什么作用、发挥到什么程度等问题。在各方研究者的共同关注和努力下，已取得一些研究成果，但仍有一些问题尚未解决。

一是关于企业关系资本的确切内涵尚未形成统一认识。本书对企业关系资本概念的梳理可以看到，学者们对关系资本的内涵界定主要分为四个学派：智力资本说、关系资源说、企业能力说和自身特性说。各学派针对各自独特的研究内容的需要对关系资本内涵进行针对性界定。当然，也有一些更为独特的研究对关系资本的内涵解释不能被归入上述四种学说中，比如，罗珉、高强（2011）认为关系资本可以被解读为游离于组织规章制度之外的隐性契约，它具备约束网络成员行为的力量。目前的这种对企业关系资本概念界定众说纷纭的现象，反映了对关系资本是什么的研究还未成熟，需要深入探索。

二是关于企业关系资本的生成要素或构成维度，学者们意见分歧较为明显。由于企业关系资本涉及"关系"这一有较强社会属性的因素，不易被观测，而且很大程度上和"关系人"的心理有关，因此，对它的测量一直是该领域内定量研究的难题。为了攻克这一难题，学者们提出了若干解决办法。虽然各学者提出的具体测量方法不甚一致，但其基本思路却是殊途同归，即先对抽象的关系资本进行生成要素或维度的分解，再分别对各个维度展开测度。

学者们对于企业关系资本的生成要素或构成维度的分解主要表现为两大类视角：个人/个体视角和关系结构视角。个人/个体视角主要从关系双方的心理因素着眼，认为可以将关系资本划分为信任、承诺、沟通等维度，其代表人物是 Kale；关系结构视角则是从关系资本的来源划分，将关系资本分为企业内部关系资本和企业外部关系资本，并进一步将外部关系资本细分为横向、纵向、社会三个层面，其代表人物是边燕杰、丘海雄。学术界对于关系资本的测量正是沿着这两条路径来进行的。就国内的相关研究来看，采用两种方式的研究者都比较多。有学者认为第一种方式更能体现关系资本的本质特征，这样的维度划分更具说服力和可信性。也有学者支持第二种方式，认为第二种方式更符合我国的国情和人文情怀，相关研究结论也有助于企业认清不同的关系来源有何种优势，以便在企业经营管理中更有针对性的对特定关系进行构建和维护。结合本书的研究内容，作者采用了第一种方式，即着眼于关系资本的本质。但在具体采用信任、承诺、沟通等哪几类因素来测量关系资本的问题上，本书从之前的文献中并没有得到满意的答案，因此，本书将利用已有研究中关于信任、承诺、专用性投资、冲突管理、沟通、共同行动等每个维度的量表做探索性因子分析和验证性因子分析，探索并开发出企业关系资本的维度划分及量表设计，以期为后续研究提供借鉴和参考。

2.5.2 对知识转移的相关研究简评

企业创新活动与知识转移行为是高度相关的（Quinn，2000）。大量关于知识转移的研究普遍支持此观点，认为知识的获取、吸收、整合、利用在技术创新过程中有着不可替代的作用。鉴于知识转移对创新的重要作用，大量学者将研究视角指向知识转移，并取得丰富的成果，但综合来看，在以下两方面上仍然需要进一步探索。

一是知识转移的测量问题。由于知识转移概念在本质上是多维的，难以用某个单一的指标对其进行全面的测量。故而学者从转移过程或转移效果或二者结合的视角开发了测量知识转移的多种量表。这种方法固然暂时性地解决了涉及知识转移的实证难题，但是指向具体研究内容的针对性量表设计也使得各学科研究结论之间的横向可比性大大降低。因此，对知识转移维度的划分或成熟量表的开发是此研究板块内亟待解决的问题之一，有待研究者们做深入的研究。

二是已有研究多偏重知识的识别与获取，而忽略知识的吸收和利用。本书通过对现有文献的梳理发现，现有研究较多将关注点放在如何识别和获取企业所需的知识上，而较少关注对所获取的知识如何进行消化、吸收、重组、内化以至应用等步骤。尽管许多研究者也都标榜将知识转移作为一个过程看待，并注重转移效果的讨论，但是对于外部知识的内化与应用仍缺乏相应的定量运算和测试。

2.5.3 对企业网络能力的相关研究简评

近年来，企业网络能力逐渐被应用到社会网络领域，尤其是企业社会资本的研究板块中，这体现了学者们加深对创新网络本质认识的尝试，具有理论上的创新。但是相关研究仍处于起步阶段，依然存在着诸多的不足。

一是企业网络能力概念界定比较模糊。已有的概念界定没能将企业资源与网络理论很好地结合，不能准确地反映资源与能力间的互生关系。而且，学者们对于企业网络能力的准确表述也尚未达成一致，现有表述主要集中在网络能力、网络胜任力、网络关系能力、网络管理能力、联盟能力等。各种表述方式在概念界定上各有侧重，没有形成被普遍接受的、适用领域广泛的关注焦点，这也是网络能力概念界定比较模糊的根源之一。

二是企业网络能力的构成和维度划分问题。随着企业网络能力变量被大量的引入到实证研究中，关于企业网络能力的测量问题渐渐浮出。而从对现有研究的梳理看，学者们对网络能力的测量并不一致，主要集中在三个角度：动态或静态角度、战略或操作角度、外部或内部角度。基于各个角度学者们分别设计了不同维度对网络能力展开测量，当然，也有学者将网络能力看做单一维度。这一现象体现了目前学术界对于网络能力的有效测度和实证分析的研究还相当不足。这也是企业网络能力领域中需要后续研究者给予大力关注的研究问题之一。

2.5.4 对企业关系资本、知识转移与企业创新绩效关系的研究简评

近年来，关于企业关系资本与创新之间关系的研究逐渐得到研究者的重视，研究成果日渐丰富。大量的定性与定量研究也逐渐引入吸收能力、知识学习、沟通等中介变量。可以看见，这些中间变量大多与组织的知识管理相关，但对于知识管理的重中之重——知识转移则重视不够。本书所参考的中文文献中，仅有宋方煜（2012）的论文将知识转移作为社会资本与创新绩效的中间变量。大多数研究将企业关系资本影响创新绩效的路径看做一个黑箱，只做了简要的模糊分析。虽然也有研究将知识转移放在企业关系资本与创新绩效关系研究的中间变量位置，但这些研究要么对企业关系资本的构成要素梳理不清，要么对知识转移的测度不甚清晰。因此，若能揭开企业关系资本与知识转移两个变量的模糊性面纱，挖掘它们的深刻内涵以厘清对企业创新的影响作用，将对资本、创新领域的研究起到重大推动作用。同时，由于已有的对企业关系资本与知识转移关系的研究，多是直接对二者间相关关系的验证，没有考虑企业能力因素在此关系中是否发挥作用。比如在企业网络能力较强的情境下，企业能够更好地维系与关联方的关系，使双方间的关系更加紧密，也将更有利于企业获取外部知识。但这一企业内部能力因素的作用在已有研究中往往被忽视了，因此，需要学者们在后续研究中对企业能力因素给予充分关注。

2.5.5 已有研究的进展与不足

从文献整理和对关系资本、知识转移、网络能力的简要评述，本书发现并总结出以前研究取得的进展主要有：第一，企业的社会资本尤其

是关系资本是影响企业间知识学习的重要因素。关系资本在知识共享、转移、整合、吸收以及技术创新等方面的研究为本书构建了基本的理论基础与研究基石。第二，关系资本的含义丰富，研究视角颇多，对这些研究的归纳、学习为本书从影响知识转移和创新绩效的角度提炼关系资本要素提供参考与依据。第三，关系资本与网络能力都能对知识转移和创新产生影响，对二者的关注研究也屡见于各文献，为本书提供了研究基础。

现有研究还有待继续深入的问题有：第一，虽然有学者关注社会资本、网络能力与知识转移、创新的关系，如宋方煜（2012）将组织间知识转移作为企业社会资本作用于组织创新的中介变量，研究了社会资本的结构维、关系维、认知维与知识转移、创新绩效的关系，朱晓琴（2010）从组织学习的视角分析了网络能力、知识管理、创新绩效的关系，但直接将关注点聚焦在关系资本与网络能力的相关研究还很少见，从网络能力与关系资本相结合的角度进行研究还亟须深入。第二，关于关系资本的构成要素的研究很不统一，且对各要素的研究也不太深入。各个维度及测度问项需要进行深入的挖掘。

第3章　概念模型构建与研究假设提出

前文已简要介绍了本书的研究内容，并对各个待研究变量及其关系进行了概括性回顾。本章将首先对各核心构念的逻辑关系展开详细理论推解，以构建本书的概念模型框架。然后在理论解析的基础上推演出各个研究变量间的关系假设，形成本书的路径模型。对已有文献梳理发现，一方面，企业关系资本对企业间知识转移与经验学习有一定的促进作用，同时知识转移的增强又有助于企业创新绩效提升。在知识总量大爆炸而关键知识又相对匮乏的今天，企业为了保持在行业内的竞争优势，不断地进行产品或服务的革新是必然之选。而企业间的知识转移对增强企业创新能力、提高企业创新绩效的作用又是不言而喻的。另一方面，企业关系资本为企业带来的益处，即创新绩效的提高，又能促进企业从主观上重视对关系资本的维护，从而使二者之间形成一个良性循环。在这种相互促进的作用和模式下，企业要改善其创新绩效，就要加强组织间合作，并在互动与合作中有意识的学习外部经验和关键数据，确保知识源头的更新、常新。又根据社会网络理论，原子企业与其他企业间的关系性资源发挥优势作用的程度与自身网络能力密切相关。网络能力强说明企业有能力识别、筛选优质的网络成员，并在与网络成员互动联系的过程中能够发挥领导作用，使其他企业主动的围绕其开展合作，从而使本企业占据网络的核心地位。所以，具有较强网络能力的企业往往能接触并获取到网络中更多的关键知识资源，能够更大程度的促进企业间知识转移。

因此，本章将对企业关系资本、网络能力与知识转移、创新绩效的关系展开讨论，构建企业关系资本对创新绩效影响机制的概念模型，并提出相应的理论假设。

3.1 企业关系资本、网络能力对知识转移和创新绩效影响的概念模型

企业可被视为资源与能力的集合（韩炜，杨俊，包凤耐，2013），资源与能力是企业开展创新活动提升创新绩效的重要依托。开展创新活动需要丰富的资源禀赋与先进的科技能力，然而原子企业所附有的资源与能力往往是有限的，未必能够一直满足企业不断开展创新活动的需求，此时组织间充分的资源交换与能力互补等合作行为恰恰能为弥补企业创新的资源与能力差距提供可供选择的路径（刘衡，李垣等，2010），进而助力企业创新。

关系资本强调的是开展合作的企业间通过彼此间的信任、友谊、互惠承诺等因素构建的较为稳定的社会资源（蔡双立，孙芳，2013）。企业创新绩效阐述的是企业有效的识别客户需求、组织并调动一切可供利用的资源与能力以加强开展产品研发并最终在产品竞争中取胜。因此如何充分有效的调动、利用合作方资源往往成为企业面临的现实问题。在此背景下，刘衡、李垣等（2010）提出了"资源—行动—绩效"的研究范式（见图3.1）。在该研究范式中，研究者认为蕴藏于企业合作网络之中的企业关系资本是组织的资源要素，它是企业开展创新活动、创造创新绩效的关键资源。同时，这一组织资源对创新绩效提升的作用价值发挥，取决于企业能否积极采取恰当的战略行动，通过畅通组织间沟通渠道来激发该类资源的价值，以达到绩效提升的目的。

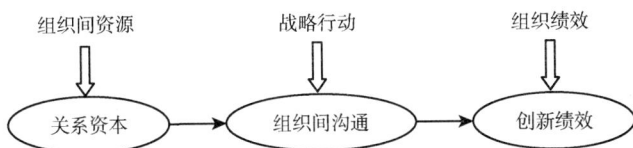

图3.1　"资源—行动—绩效"研究范式图示

资料来源：参考刘衡、李垣等（2010）。

本书在对企业关系资本与创新绩效关系研究中，援引了刘衡、李垣等（2010）提出的"资源—行动—绩效"的研究范式，并进行适当修正。首先，本书同意该范式中企业关系资本无法直接转化为其创新优势，而必须通过企业的某项战略行动的中介作用才能促使从资本到绩效的转化之观点，即必须借由组织间良好的合作行为才能促使企业关系资本的资源基础作用发挥以及绩效提升效果的转化。但是，本书认为刘衡、李垣等（2010）的研究中将组织间沟通作为焦点企业的战略行动并不能很好的中介关系资本与创新绩效的路径关系。由于企业创新活动的顺利开展需要的是丰富的、及时更新的知识资源，而组织间沟通并不天然带来组织间的知识共享与转移，因此相比组织间沟通，组织间的知识转移能更好地桥接关系资本与创新绩效的关系。其次，情境依赖的观点认为资源能否有效发挥价值以及组织采取的战略行动是否有效，都要受到组织面临的各种情境，比如市场竞争、外界环境等影响（Swink M. and Song M.，2007）。企业关系资本蕴藏于企业与其他组织的关系，若干组织间关系织就一张巨大的关系网络，使得组织间关系不再仅是二元的双边关系，而演变为多元的网络关系。焦点企业作为一个原子企业嵌入于复杂、巨大的关系网络中。在这一网络背景下，企业是否具备良好的网络能力直接关系到企业能否有效激活其网络关系资本以对组织间资源更好的开发利用，即企业网络能力在激活企业关系资本的过程中发挥了不可忽视的作用，直接影响到企业关系资本对创新绩效提升的作用强弱。

基于以上认识，本书构建了包含企业关系资本、网络能力、知识转移、创新绩效四者的基本研究架构。

3.1.1 企业关系资本影响下的知识转移

3.1.1.1 企业关系资本：组织的核心资源要素

与传统资源观的"所有权假设"不同，Lavie（2004）提出了"延伸资源观"（extended RBV），支持资源是企业"拥有"或"控制"的所有，认为应按照"可利用边界"而非"所属边界"划定企业资源。Granovetter 认为个体的经济行为与关系不能脱离社会关系而独立存在，是嵌入于经济人的社会结构之中的。相似的，以企业个体经济行为为源泉的企业关系资本也是嵌入于企业网络之中的。这也契合企业关系资本是企业拥有的现实或潜在的关系资源（Bourdieu，1986）的观点，他认为企业关系资本是嵌入于企业关系网络中的、企业有能力获得并利用的资源。

学术界普遍认同网络关系资源是企业经济租金的重要来源，可以为企业带来竞争优势。Lavie（2004）认为，居于企业网络中的企业个体，其经济租金有四种：内部租金、关系租金、溢出租金与溢入租金。方刚（2008）在其基础上进行了适当改进，提出网络情境中企业经济租金的来源模式，如图 3.2 所示。其中内部租金源自于企业本身占有的非共享性资源；关系租金是企业与其关系伙伴可共享的资源带来的；溢入租金来源于焦点企业对其关系伙伴资源的合理利用；溢出租金则是焦点企业在与关系伙伴合作过程中己方资源被对方利用而带走的租金，是己方的租金损失。

企业关系资本是存在于企业关系网络中的有价值的关系性资源（蔡双立，孙芳，2013），能为企业带来关系租金与竞争优势。借助于 Lavie（2004）关于企业租金来源的分析框架，企业关系资本来源于企业与其

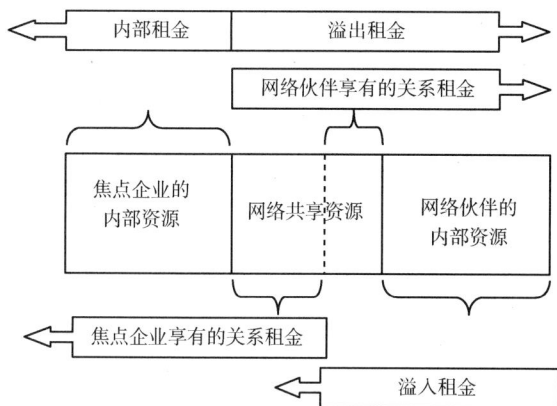

图 3.2　企业网络中企业个体的租金来源与分布

资料来源：翻译并援引自 Lavie（2004）与方刚（2008）。

关系伙伴构建的关系网络中关系双方的共享资源。但并非所有的合作关系、共享资源都能生成关系资本，它是在个人关系的信任、承诺、友谊等基础上关系盟友之间独特的资源（常荔等，2002），比如个人关系带动组织关系而形成的专用性投资、充分沟通与冲突管理。这一系列独特的关系资源能够为企业带来难以复制、难以模仿、难以替代的持续竞争优势。可以说，具备这一独特关系资源的企业就掌握了创造持久关系租金的核心（宝贡敏，余红剑，2005），能够在网络竞争中居于优势地位。因此，企业关系资本是企业的一项核心资源要素，是企业有效开展战略行动的保障。

3.1.1.2　企业关系网络中的知识转移

从资源观的视角看，企业是异质性知识的集合（Spender，1996）。对知识有效的创造和运用能够为企业带来竞争优势。从技术创新的角度，知识是企业开展技术创新的基础。某种程度上，创新活动就是将知识转化为产品、服务的过程。在创新的过程中，由于技术的日新月异，企业掌握的知识难以满足不断创新的需求，因此需要不断搜索、学习以获取新知识（De Boer, et al., 1999）。但是跨组织的技术交流与知识学习往往并不容易（Singh, 2005），因此，如何提高企业关系网络的知识交流与转移成为提高提升企业创新绩效的重要途径。

要解析提高知识转移的途径，必须首先厘清知识转移的过程。学术界普遍认同的是 Kwan 和 Cheung（2006）提出的知识转移四阶段模型（见图 3.3）。该模型认为完整的知识转移可分为四个步骤：转移动机形成（motivation）、转移双方目标匹配（matching）、促成知识转移实施（implementation）与成果保持（retention）。其中，动机形成指的是焦点企业通过对自身的审查发现知识缺口，并积极寻找合适的学习标杆；目标匹配阶段主要完成己方和对方对知识的需求与供给之间的协调，从而建立知识转移方与知识接收方的关系对接；转移实施阶段以建立转移双方的转移联结开始，以知识接收方能够将新知识顺利应用为终结，这一阶段的效果与知识接收方的接收能力相关；成果保持指知识接收方将转移得来的知识纳入资料库存储以利于今后能及时、高效地取用，保持知识转移效果。

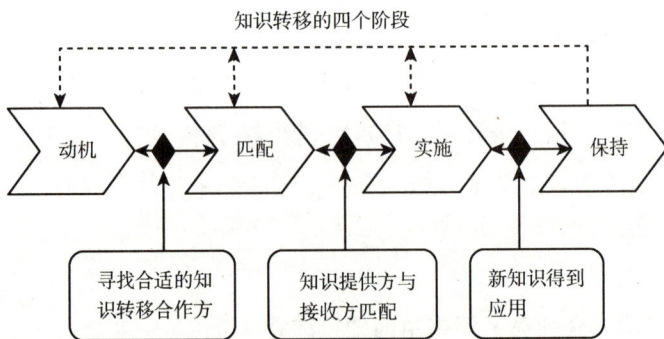

图 3.3 知识转移的过程模型

资料来源：翻译并援引自 Kwan 和 Cheung（2006）。

在 Kwan 和 Cheung 梳理的知识转移过程中，从最初的动机形成到最终的新知识应用与成果保持，每一阶段的完成都不仅依赖于企业独自的单方的力量。焦点企业在发现自身的知识缺口、明晰知识诉求后，需要试探性地去积极寻找恰当的知识提供方，以搭建知识学习和转移的伙伴关系。在巨大的企业网络中，若盲目地寻找能够契合自身需求的知识合作方，必将耗费大量的时间和经济成本，加大知识转移难度。目标匹配阶段要实现知识转移双方的供需协调，是否能够建立或能在多大程度上建立供需双方的协调，与知识提供方是否具备可靠性和焦点企业与对方的竞争关系、联结强度等有直接关系（Tsai，2001；Hansen，1999）。若知识转移双方的关系强度较弱，彼此的戒心较大则会严重影响知识的转移效果。转移实施阶段的效果则主要以知识接收方能够多大程度使所转移知识得到应用为衡量标准。知识在接收方的应用效果取决于接收方对该知识的吸收、内化程度，若合作双方的关系强度不高、合作默契缺乏则必会影响知识接收方对知识的接收程度。

以上分析可以看出，组织间的知识转移过程中遍布各种困难与挑战。然而，这些困难与挑战在企业关系资本的助力下都能得到缓解或消除。前文本书已经简要梳理了企业关系资本的内涵，认为企业关系资本是存在于企业关系网络中的有价值的关系性资源（蔡双立，孙芳，2013）。首先，企业关系资本是嵌入于企业关系网络之中的资源，说明焦点企业嵌入于众多的网络关系结构之中。从关系资本的定义，可以看出关系双方企业之间通过合作对彼此有一定的了解，借由这一了解当焦点企业出现知识缺口时，其能够迅速、准确锚定预期目标合作方，从而大大缩减搜寻的时间成本与经济成本。其次，企业关系资本包含诸如信任、善意、互惠、沟通、默契、特定资源等广泛含义。通常关系双方企业并非完全竞争关系而是竞合关系，双方期望通过合作达到双赢的效果，而且在信任、互惠、承诺等因素作用下，双方间的关系常表现为强连接。在此种关系的基础下，知识供需双方更容易达成利益协同体，构建知识转移组合，从而推进知识转移进程。最后，构建了知识转移组合后，知识转移实施阶段更是考验了双方的沟通、默契程度。企业关系资本作为企业间的关系性资源，承载了双方企业的关系。知识[①]转移过程中，数据和信息等显性知识较易实现转移，而其使用技巧等隐性知识的转移则需要转移双方借由蕴藏在关系资本中的共同的沟通平台与默契等来实现。

由此可见，企业关系资本在知识转移的各个阶段均发挥了积极推动作用。即从资源的角度来看，企业关系资本对企业稀缺知识资源的获取存在着动态的持续影响（曾德明，贾曙光，禹献云，2011），关乎企业之间知识的流动与转移。

3.1.2 因由知识转移的创新绩效提升

3.1.2.1 知识转移：企业的战略行动要素

依据刘衡、李垣等（2010）的"资源—行动—绩效"范式，企业之间建立关系、形成关系资本这一核心资源要素之后，第二步就是要采取合理行动以便利用资源。通过组织间的合作行为，能够强化组织间的数据、信息等知识的流动和分享机会，有效构建知识资源互补。组织间的合作行为常发生在焦点企业与供应商、客户、金融机构、科研机构等的业务互动中。比如，供应商能为企业提供稳定的原料供应与原料市场变动数据，以便及时改进产品设计；客户能反馈产品的市场反应情况以提供产品改良信息支持；金融机构能提供融资渠道或融资支持，改善企业金融结构；科研机构能与企业共建研发小组，降低研发成本，提高研发绩效。组织间的知识学习与转移是一项关键的合作行为，能够反映出组织双方在数据、信息等知识分享方面的效率，因此也被研究者广泛视为组织创新的重要战略前因要素。

---

① 知识包括数据和信息及其使用技巧等，参见 Alavi 和 Leidener（2001）。

3.1.2.2 知识转移行动下的创新绩效

Kale 等（2000）的研究中提出企业进入或创建创新网络的主要行为
动机是向网络关系伙伴学习知识。企业关系资本是企业在网络中与其他
企业间的信任、友谊、互动、互助等亲密的关系资源，以关系资本为依
赖，企业向其关系伙伴学习、吸收知识的过程必然更加通畅。而 Fosfuri
和 Tribó（2008）关于创新产出效果的模型显示了企业外部知识通过识
别、学习、转化、应用能够形成创新效果，如图 3.4 所示。

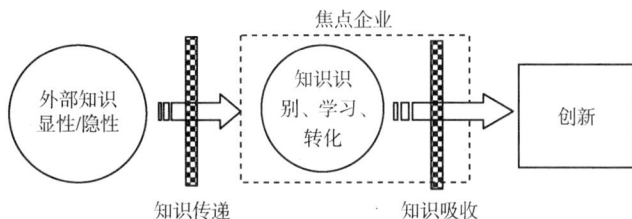

图 3.4 外部知识转移和创新关系模型

资料来源：依据 Andrea Fosfuri 和 Josep A Tribó（2008）调整。

同时，该模型还显示了知识从传递方流向接收方的传播过程包括两
个环节，即知识传递和知识吸收，这也与理论界的普遍认识吻合（Dav-
enport and Prusak，1997）。知识传递是显性或隐性知识从组织外部企业
（传递方）到焦点企业（接收方）的物理转移过程，这一过程可以提高
接收方企业的知识存量水平。但知识存量的增加不能直接转化为创新产
出或绩效，需要对其进行有效加工处理，即将传递的知识加以识别、重
点学习，以促进其被消化、吸收，转化为现实生产能力，这一过程称为
知识吸收过程。知识传递是知识吸收的基础、前提，是企业知识学习的
存量保障；知识吸收则是对存量知识的化学转化，是企业知识更新的能
动因素。二者共同作用下，企业的知识水平才能得到动态提升，不断通
过自身获取以及整合知识资源创造新产品、新创意，开拓新市场，实现
组织变革和创新，并最终实现企业创新绩效提升的佳绩。

3.1.3 差异网络能力下企业关系资本的作用边界

3.1.3.1 资源与能力

资源和能力是资源观解释企业竞争优势来源的两个极为重要的概念（Barney，1991），然而二者对企业竞争优势的贡献程度和方式却不尽相同。资源是"企业现实拥有或能够控制的有价值的因素存量"（Amit and Sehoemaker，1991），而能力是"企业具备的能对存量有价值因素进行聚集（assemble）、整合（integrate）和配置（deploy），以使其达到协同优化、共同营造竞争优势的一种行为模式"（Russo and Fouts，1997）。从资源和能力的概念来看，资源是企业可支配控制的静态因素，价值性是其内在属性，需要外力作用激活才能得以表现。对有价值资源的善加利用可生成经济租金，继而提高竞争优势；而能力则更多体现在企业的行为或行动之中，包括对数据、信息等资源的使用技巧等，是使企业的各种资源实现交互、协同等手段，能够激活蕴藏在企业资源中的价值属性，是企业对静态因素的动态配置过程。如果将资源看作企业运作流程中的输入和输出要素，能力即为企业具有的将输入要素通过加工、处理而使之转化为具有更高附属价值的输出要素的可能性与催化剂。资源是能力的发源地，而能力又是主要竞争优势的源泉（Grant，1991）。因此，资源和能力是企业获取竞争优势的两个不可或缺的因素。高能力企业与低能力企业对资源的利用程度差异明显，效果也大不相同，只有将资源和能力同时纳入考察范围，才能解答企业之间怎么不同和如何创造竞争优势等问题。

3.1.3.2 企业关系资本与企业网络能力

前文已经分析了企业关系资本是企业持有的关系性资源，能为企业带来关系租金。但是如图3.2所示的企业网络中焦点企业的租金来源图示中，焦点企业与其关系伙伴对网络共享资源创造的关系租金如何分配，即图示中虚线的位置在哪？或者说是什么决定了焦点企业能够获得的关系租金比例？对于这个问题，资源观学派给出了解答，他们认为资源是决定企业竞争优势的静态禀赋，而能力则决定了其如何被利用以及其效用如何。即并非所有可共享资源都能为焦点企业带来关系租金，任何资源的获取与运用都需要企业独特的资源运用能力与其相匹配。

企业关系资本促进组织间知识转移的过程即为网络关系资源为焦点企业溢出关系租金的过程。根据资源观的认识，这一过程中企业的网络能力将发挥重要作用。根据方刚（2008）对企业网络能力的定义，是指处于网络背景下的企业所具备的聚集、整合、配置网络共享资源，同时协同（co-present with）网络内关系伙伴的内在资源，以争创网络绩效和竞争优势的能力。从这一定义可以引申出两方面意义：第一，网络能力是激活网络关系资本价值的能动因素。企业关系资本是嵌入在网络关系、网络位置等网络结构中的关系性资源，它具备有价、模仿难度高、可替代程度低等特征，网络能力在利用网络关系资本资源的过程中能够激发蕴藏在其中的关系租金，为焦点企业争取网络利益，形成对其他企业的竞争优势。第二，企业网络能力的高低制衡了企业能够分享的关系租金的比例。即网络关系中各关系企业间网络能力的水平差异决定了它们对网络关系资本的关系租金价值的配置权。也就是说，焦点企业的网络能力决定了其在图 3.2 所示的关系租金分配中能够将分配虚线画在什么位置，即企业关系资本所蕴藏的关系租金能够多大程度上为焦点企业所利用和服务。

3.1.4　概念模型构建

本书援引刘衡、李垣（2013）构建的"资源—行动—绩效"的研究范式，在本节内容中重点分析了企业关系资本（资源）、组织间知识转移（行动）与企业的创新绩效（绩效）三者之间的关系。首先，企业关系资本是组织间知识转移行动的基础，关系资本中的信任、友谊、情感等因素能够缓解、消除知识转移过程中的困难，推进知识高效转移；而组织间的知识转移行动正是对企业关系资本的合理运用，以实现关系资本扮演竞争优势源泉的天然使命。其次，知识转移是企业开展创新活动、提高创新绩效的有力保障。通过组织间的知识转移行动，焦点企业能够获得有价值的数据、信息等知识资源，从而为创新活动提供保障，提高创新绩效；而高创新绩效则是组织知识转移行动发挥作用的成果。最后，焦点企业所处的环境因素对其关系资本经由知识转移路径的价值发挥也存在重要影响。拥有同质网络关系资源的企业由于其对资源的应用能力不同，使得资源的价值发挥也不尽相同。网络环境下，企业对其关系资本的应用能力体现为企业的网络能力，即企业改善其网络位置、处理特定网络关系的能力。

在此分析基础上，本书各研究变量之间的逻辑关系模型如图 3.5 所示。

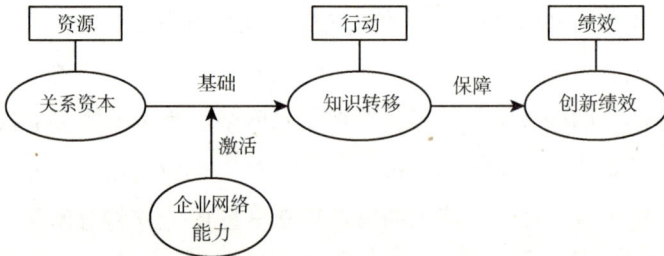

图 3.5　企业关系资本、网络能力对知识转移、创新绩效影响的概念模型

由此，通过辨析企业关系资本、网络能力与知识转移、创新绩效之间的关系，在企业网络环境背景下，可以清晰回答网络关系中企业面临的两个问题：企业为什么能不断创新以获取竞争优势和同质网络背景下为什么有的企业能获取竞争优势而有的则不能。处于企业关系网络中的企业，凭借其调动、匹配网络资源的能力，激活其与关系伙伴构建的关系资本，通过运用、配置这些独特关系资源来取得成功知识转移效果的关系租金，从而实现产品、服务创新，收获竞争优势。接下来本章将重点讨论各研究变量的内在关系，同时提出本书的研究假设。

3.2　企业关系资本与创新绩效之间的关系及假设

第 2 章文献梳理中，本书对高新技术企业与合作伙伴的关系资本主要从情感与行为两方面来分析，具体包括信任、承诺、专用性投资、冲突管理、有效沟通和共同行动等维度。这样划分关系资本的维度在先前的研究中已有一些参考。比如，Cullen，Johnson 和 Sakano（2000）从信任、承诺组成的情感因素探索关系资本构成。Wu 和 Cavusgil（2006）在情感因素之外加入了专用性投资的行为因素考量。Kale 等（2000）从信任、承诺等情感因素与冲突管理、有效沟通等行为因素对关系资本进行了探索性研究。本书在众多学者的研究基础上，对关系资本进行深入解析、拓展，逐一阐述不同维度关系资本对知识转移与创新绩效的作用。

3.2.1　信任与创新绩效

企业关系资本的信任维度是网络关系主体在交往的过程中彼此间形成的一种关系类型，它被认为是一种期望，可以缓解网络参与者对其合作伙伴在合作过程中实施机会主义行为的担心与忧虑，使关系各方主动降低防卫心理及措施（Bradach and Eccles，1989）。早在 1998 年，Nahapiet 和 Ghoshal 的研究中就已指出，关系维度社会资本可以通过关系主体的互相信任、行为规范、未来预期等因素影响组织间的数据、资料等知识的交换。由于制度设计的天然缺陷和执行成本问题，任何企业的规章、制度、契约都无法穷尽所有情况。所以知识学习、联合研发、金融借贷等企业间行为都必须有信任为条件。只有双方相信对方不会轻易触碰合作中潜在的利己损人情形，合作才能形成并有持续下去的根基。

信任是关系中的首要因素，也是企业的关键资源（Kale，et al.，2000）。信任能减少关系风险与不确定性，降低交易成本。关系企业对合作伙伴的信任有利于关系成员相互获取差异性知识，降低关系风险和不确定性的影响（Inkpen A. and Currall S.，2004）。信任是一道润滑剂，在企业进行社会交往或经济交换的过程中起润滑作用（Powell，2005）。基于信任的双边关系还能润滑企业内部、外部的合作，降低合作阻力，减少交易中的沟通时间、精力等投入，使企业能够将更多注意力集中在生产运营上，低消耗、快节奏地从事创新行为，提高创新能力和绩效。由此我们可知，企业关系资本的信任维度对企业间技术创新起着积极的作用，企业积极地维系自己的关系网络，保持网络的稳定性，提高彼此间的信任水平，会对创新绩效起到正向的作用。基于此，本书提出如下假设：

H1：信任对创新绩效具有积极的正向影响。

3.2.2　承诺与创新绩效

承诺的概念最初来自于美国学者 Morgan 和 Hunt 研究提出的承诺 - 信任理论，该理论认为承诺主要表现为关系企业为长期稳定发展和维护其与关联企业的关系而做出努力的意愿或采取的行为。关系企业间为了更好地维护、发展合作关系而乐于实施的持久性合作行为即为互相的承诺。承诺并不是天然存在的，需要建立在一定规范的基础上。企业关系网络中关系企业间的承诺是建立在以关系嵌入为源头的企业社会网络这一规范的基础上的，同时要求这一社会网络需具备互相协作、互惠互利、良性互动等特征，这也契合了企业关系资本来源于企业社会资本的关系维度的基础理论。

社会网络环境中，信任和承诺是良性循环促进的关系，关系企业间互惠承诺的实现越顺利，就越能促进相互间的了解并有效避免合作过程中可能出现的摩擦和阻碍，即越能提高彼此间的信任程度；反之，关系企业间的信任程度越高，即越相信对方不会采取对我方不利的行为，从而使我方在感性上更愿意对对方也采取互惠互利的行动方案，越有利于承诺的达成与实现（Martín-de Castro，et al.，2013）。企业关系资本的承诺要素与信任互利共生，也能够降低企业对创新伙伴的搜寻成本。因为，创新网络中企业间的消息传播迅速，一旦某成员企业未忠实履行承诺义务，做出了违背道义、损害他人的行为，则其网络声誉将大大降低，所以关系企业做出的不管是基于口头的还是合同约定的承诺大多是可信的。这样就使企业寻找创新伙伴的筛选条件得到简化，而降低为之付出的时间、人力、经济等成本。换句话说，关系企业间的有效承诺能推动合作创新行为，增强获得创新所需的技术支持程度（Sinkovics，et al.，2010），从而有助于提高创新业绩。基于此，本书提出如下假设：

H2：承诺对创新绩效具有积极的正向影响。

3.2.3　专用性投资与创新绩效

根据 Williamson（1975，1979）的定义，资产专用性（asset specificity）是在资产的生产价值不被损害的条件下，其使用者或用途可被多元化开发的程度。专用性投资指的是为了支撑某项特定任务或交易而产生的难以转移的物质和人力等资本投入，是特定情况下形成的独特性、持久性投资（牛德生，2004）。一旦形成就会被"锁定"在此项任务或交易中，若想将其挪为他用，则其价值将会严重贬值（Williamson，1991；Wathne and Heide，2000）。Pehon 等（2005）依据项目或交易合作双方所投入资产的属性，认为专用性投资可分为有形专用性投资和无形专用性投资两大类：有形专用性投资主要包括关系双方企业在土地、机器设备以及其他形式的实物型资产方面进行的投资，等价于 Williamson 定义的区位专用性投资（location specific investment）和实物专用性投资（physical capital specific investment）；无形专用性投资主要包括关系双方企业在人力资本、关键技术等企业无形资产方面进行的投资。

通常情况下，专用性投资对企业的影响具有两面性：一方面，它是企业创造比较优势的优越条件（赵庆华，2008）。相比其他投资它具有异质性、难以模仿性、稀缺性等特点，致使进行了有形或无形专用性投资的交易双方相比其他合作伙伴而言具备了一定的关系比较优势，能够更好地协同创新，提升企业创新绩效。另一方面，它是产生交易成本的重要因素之一（王凤娟，2010）。有研究认为，单向专用性投资会引致无法预计的风险，尤其是机会主义行为（Ghosh and John，1999）。这是因为关系双方都知晓，专用性投资是耐久性的投资，转换成本巨大，即在某种程度上其被"锁定"在特定的交易中。而一旦形成"锁定"，就有可能诱发交易另一方的机会主义行为（于茂荐，孙元欣，2014）。出于避害趋利的利益驱动和利益最大化的经济追求，其在决策时很有可能做出利己而损他的决定，导致交易成本提高，进而损害企业绩效。相关实证研究也表明，专用性投资越多，关系对方发生机会主义行为的可能性越大，交易成本越高（高维和，2008）。

因此，为了降低机会主义行为和交易成本，创造更明显的比较优势，关系双方乐于促成双向专用性投资。双向专用性投资形成时，"锁定"效应更牢，同时可抑制关系中任何一方采取机会主义行为。因为，双方均不希望看到合作关系被中断，导致其投资得不到回报。因此，关系双方从主观上都会积极促成交易顺利进行。高密度高投入的专用性投资在加强关系双方互信互惠的关系和期望时，促进了企业间的交流和合作，从而能更进一步有助于企业间的知识共享与转移，并在知识共享、知识转移和合作交流的过程中，使关系双方企业都从彼此的合作中获得利益，提高创新绩效。基于此，本书提出如下假设：

H3：专用性投资对创新绩效具有积极的正向影响。

3.2.4　冲突管理与创新绩效

对于冲突，目前"并不存在一个被普遍接受的定义"（Thomas，1976；Ranim，1986；樊富珉，张翔，2003）。参考国内外研究文献对冲突的定义主要有三类：以单个个体内部的状态为关注点、侧重个体间静态感觉的研究和以个体间的动态互动状态为焦点的研究。结合本书的研究内容，认为其冲突维度较贴合第三类冲突定义，即将冲突看作是一个过程，是组织内部或组织之间的不相容、不协调或不一致的互动历程（Ranim，1992）。故而本书中关系企业间的冲突，主要指的是企业个体之间的不协调。

研究表明，适度的关系冲突能够促进组织间的沟通和讨论，增强知识的交换与转移，激发智慧的碰撞，帮助组织更好地完成任务（Jehn，1997）。而过度的关系冲突对合作绩效的消极作用也是不可忽视的。持续过度的关系冲突会引致关系成员间出现沟通和理解障碍，从而使得团队间的知识转移与共享难以顺利进行（Deutsch，1969）。由于出现持续的关系冲突时，关系成员可能将变得态度消极、性情急躁、互相猜忌、彼此怨恨，影响正常的工作秩序。为了维持关系合作任务正常开展，关系成员常常会花大量的时间和精力用于协调团队成员间的个人关系，而相对忽略了对关系任务本身如协同创新的关注（Evan，1965）。从而使得持续的关系冲突对团队绩效产生严重的消极影响（Jehn，1997）。至此，良好的冲突管理，以使关系冲突维持在适当的程度上，对组织间的资源共享、知识转移与团队绩效的作用呼之欲出。有效的冲突管理能力反映了企业或组织解决摩擦、冲突等组织间难以避免的问题的能力，高效的冲突管理办法和方式能够促进组织间的合作。良好冲突管理能力还可以提高企业的声誉，提高双方企业的合作意愿，吸引人才，从而发现更多的市场和技术机会，它能促进关系冲突发挥良性互动效果，激发成员间的方案讨论和经验交流，增加彼此间相互的了解和学习，为企业创新积蓄知识与经验资本，从而促进企业创新绩效。Munksgaard 等（2011）对创新网络的研究中认为，合作冲突问题的解决与网络中焦点企业的产品开发战略密切相关，冲突管理与企业创新绩效的提升有着至关重要的作用。

由此可见，对企业关系冲突的有效管理，将对关系企业提高创新绩效起到至关重要的作用。因此，本书作如下假设：

H4：冲突管理对创新绩效具有积极的正向影响。

3.2.5　有效沟通与创新绩效

组织为了获得基于"关系"产生的潜在策略性收益，就必须开展恰当的合作行为。企业间沟通是企业间一项关键的合作行为（刘衡等，2010），有效沟通能够强化伙伴间的信任，促进企业间分享信息、资源、机会和分担风险。通过对沟通相关研究文献的研读，本书认为沟通就是在关系企业间进行信息传递、交流与共享，并借以了解或影响关系企业的行为与态度。它包含两类含义：一是合作型沟通（cooperative communication），是双方主体对所要沟通的相关议题和内容采取基于合作的战略目标和追求共赢的解决方案的一种沟通方式。采用合作型沟通方式的双方在沟通过程中都需站在对方的角度思考问题，用平和的方式表达自己的观点，以达成通过交流实现共赢的战略目标（Tjosvold，粟芳，万洁平，2002；史江涛，2007）。二是竞争型沟通（competitive communication），是一种争夺式的沟通方式，是双方认为无法合作共赢而只能实现一方利益挖掘的输赢之争。采取这种沟通方式时，沟通双方是站在己方的角度思考问题，以自我利益为导向之源，用一种较压制的、强硬性的方式表达意见和观点（Chen，Liu and Tjosvold，2005；宝贡敏，史江涛，

2008）。无论属于合作型沟通还是竞争型沟通，沟通都是一种双向的信息交流，并在交流过程中相互影响的过程（田辉，2012）。通过与关系组织的有效沟通，企业可以及时抓取更新的市场或技术信息，了解市场上需要什么产品、这种产品可以满足哪项功效需求等。准确、更新的市场信息能为企业创新活动指明方向，使企业的创新研发更具针对性，更能节约探索成本，提升创新绩效。

由此可见，不论是直接还是间接途径，有效的沟通都能够促进企业或组织间的知识转移，提高知识转移的效率。因此，本书提出如下假设：

H5：有效沟通对创新绩效具有积极的正向影响。

3.2.6　共同行动与创新绩效

共同行动是合作的组织间互相渗透组织边界的程度（Guetzkow，1966；Heide and John，1990）。企业关系资本的共同行动指的是交易合作企业之间在可以共享的行为目标指导下为了完成合作任务而共同开展的计划制定和问题解决等行为及其程度，具体包括双方共同实施的行为策划、客户需求预估、产品组件测试等项目（Heide and John，1990）。共同行动是交易合作伙伴共同参与组织规划设定、研发等行为（Collins and Hitt，2006），共同行动程度高代表企业与联盟伙伴在合作过程中的交互程度高，即彼此的活动参与度高（薛卫，雷家骕，易难，2010），这种共同行为还彰显了彼此间的亲密程度和依赖与信任程度。

一方面，企业积极参与与合作伙伴的技术研发等合作活动能够促进双方的资源共享和能力整合，提升复杂的、常含缄默特性的隐性知识的交换与吸收（Husain, et al.，2013）。另一方面，积极参与双方的研发等合作行为能够创建良好的合作伙伴观点交换的平台和环境氛围（Migheli，2013），从而引导更频繁的合法合作行为，鼓励关系双方共同解决创新中的难题，并在解决问题的过程中积极推进技术知识的共享。同时，双方的共同行动也是企业履行合作初期所做承诺的表现（Lee, et al., 2009），是保证企业与交易伙伴之间相互适应、相互协调的重要途径，有助于彼此信任关系的建立，从而促进企业与关系企业之间建立并维系更为稳固和持久的合作关系，实现共同创新、合作共赢。

因此，共同行动能够为交易合作伙伴之间进行新观点和新知识的交换创造条件，促使各方信息在激烈碰撞中产生新的火花，迸发新的知识、新的创意，促进知识创新，提升企业合作绩效。故而，本书提出如下假设：

H6：共同行动对创新绩效具有积极的正向影响。

3.3　知识转移与创新绩效之间的关系及假设

创新的过程是不断探索、学习的过程，创新本质上就是用现有知识创造新知识（魏江，2006），是企业的知识、技术等诀窍的不断累积的过程（Drucker, 1999），也是企业对知识的识别、获取、吸收和整合的过程（Rothwell, 1992）。因此，企业创新过程就是实现知识转移和新知识形成，并将产生的新知识应用到企业的商业活动中去的过程。所以，企业的知识转移对其创新的源头、过程和绩效具有深远影响，知识的交换、累积与创造是企业创新成功的基础和保障。

Rothwell（1992）的研究认为，企业的创新源头可以来自其供应商、高端客户、相关科研机构、技术联盟伙伴，甚至同行业竞争者。现有研究认为，随着信息科技与网络的普及，企业创新往往涉及跨学科、多领域，单个企业依靠自己的知识储备必然将面对创新资源匮乏的困境，即外部的信息、技术等资源对企业创新的产生和实现意义非凡。实践表明，技术研发、技术转让、技术溢出是企业实现技术创新的三个主要源头（Kinoshita，2000）。技术转让与技术溢出强调的都是创新源头的外部特性。由此可见，外部的知识获取对企业创新的重要意义。而知识转移是企业获取外部知识的途径和方式，企业通过知识转移可以获得其他企业的先进知识，进而吸收、利用，促进创新发展。故从源头视角，知识转移成果决定了企业创新的根基与保障。

从过程来看，知识转移是企业创新的重要阶段（Syakhroza and Ach-jari，2002）。企业通过知识转移获取外部专业知识的聚合与集成（Smith，et al.，2005），然后通过对这些知识的学习和吸收转化推进创新实现。相关研究关于创新和知识转移与学习的关系的认识主要有两类（Gieskes，2001）：一是主张创新过程就是知识转移过程，把创新看作是企业对外部知识的学习、内化过程。这种观点认为创新活动的每一个阶段和步骤，包括信息识别、信息获取、创新尝试、方案制定等，都伴随着知识学习与吸收，密不可分。二是认为知识转移独立于企业创新，但它可以帮助企业引进新知识。知识转移的过程中，企业不断地从外部搜索新的创意和知识，并通过学习将其内化，为企业提供更多的创新条件（Laursen and Salter，2006），甚至来自外部的某些旧知识也能为企业创新提供灵感（Katila，2002）。因为通过在组织、个人等层面的知识交流和共享，可以积蓄组织知识存量，为创新提供知识基础。

从与创新绩效自身的关系方面来讲，知识转移同样发挥了积极的促进作用。Cassiman 和 Veugelers（2006）通过实证研究发现，高密度的知识转移能够提升组织的创新绩效，且通过知识转移获得的外部知识比企业内部的知识对创新绩效的提升具有更显著的作用。Song 等（2006）也指出，外部知识获取和学习有利于促进企业新知识产生，同时削弱技术变革引致的创新风险，进而提高企业创新绩效。需要注意的是，企业在进行知识搜寻与转移吸收的过程中，还要关注知识的异质性（Knudsen，2007）。只有所转移和共享的知识与企业自有知识具有差异性和互补性，才能碰撞出更多的创新观念，知识转移才能对企业创新绩效产生积极的促进作用；相反如果企业只注重与关系密切的企业进行知识共享和转移，则获得知识的相似度就会比较高，对企业创新绩效改善作用就比较弱。

基于以上对创新的源头、过程和绩效的相关研究，本书认为知识转移对企业的创新绩效发挥了正向的积极作用，特提出如下假设：

H7：知识转移对创新绩效具有积极的正向影响。

3.4　知识转移的中介效应分析及假设

企业关系资本虽然富含信任、承诺等一系列资源特质，但这种资源特质不经组织间行动的激活往往不能直接生成绩效价值。正如刘衡、李垣等（2010）的研究提到关系资本自身的价值可能无法直接转化为组织的创新优势，转化过程中需要组织的相关战略行动扮演关系价值利用角色。建立了良好合作关系的企业间只有通过组织间的合作行为，如知识共享和转移，才能转化为企业的现实资源，为企业创新提供知识基础。具体来讲，在企业关系资本的六个构成要素对企业创新绩效提升中扮演积极角色的过程中，组织间的知识合作行为所起的作用解析如下：

第一，企业间的信任能够推动组织间知识转移行为与绩效。理由在于：首先，信任能提升关系企业进行知识转移的意愿。只有基于相互间的信任关系，在知识转移的过程中，企业双方才会相信所转移的知识不会被挪用或外泄，从而能够有意愿的进行知识共享，积极促进共享的知识成功转移，确保知识转移的最终达成、实现。Panteli 和 Sockalingam（2005）的研究结论显示，倘若关系企业间出现信任危机，则信息和知识的共享必将遭遇阻碍，造成的后果就是任何一方都难以从对方获得有价信息。其次，信任能降低关系企业的知识转移与共享成本。相互信任的企业在知识共享、学习等过程中，减少了筹划、权衡、思虑要不要知识共享、共享多少、共享会带来哪些后果等问题的时间和经济成本。因为即使有契约性质的合作规范等文件，若缺少信任的支撑，双方合作中仍会心存芥蒂、有所保留，加大甄别、互相试探的成本。

第二，承诺对知识转移的影响主要有两个方面：一是感性的态度承诺。信任与承诺是相辅相成的（Morgan and Hunt，1994）。关系企业间，由于相信对方采取机会主义行为以损害我方利益的事件不会轻易发生，故而从投桃报李的感性认识上，倾向于向对方做出互惠承诺。因而，在双方进行信息与数据等知识的交流、共享时，对对方高度的感性承诺会助力我方主动提供共享知识的积极性，提高企业间的交流和合作的频率与顺畅程度。二是理性的制度承诺。关系企业为了从关系网络中获取所需的利益，将积极评估、预测其能从"关系"中获得的潜在收益，当收益不小于其预期时，为了切实得到这一潜在收益，会主动建立相应的制度或行为规范维护双方的关系，即以制度的形式保障承诺的可信程度。通过制度设计，关系企业明确自身在合作中的角色定位与权利义务，也更清楚的知晓知识转移能为自身带来的潜在收益，因此，关系双方都会努力促成知识的转移与共享。

第三，由于专用性投资的"锁定"效应，投入大量专用性投资的关系企业都被黏合在特定的关系中，双方在某种意义上成为一个利益共同体，双方共赢或一损俱损是双边经济关系的写照。首先，双方在感情上乐于互相支持，分享新知识、技术，以促进共同发展、创新共赢。其次，专用性投资作为关系双方为了某特定任务或交易而进行的专项投资，它包括大量的专业设备、工具以及渠道培养过程中形成的专业技能培训和关键经验知识等（Anderson and Weitz，1986），从含义上就体现了其本身已包含双方间技术、知识等的共享。因此，不论是从双方情感出发还是从义务需要，进行专用性投资的关系双方都会乐于看见知识、技术的传递、共享，乐于在合作创新的过程中享受知识、技术共享为彼此带来的益处。

第四，关系企业对冲突的有效管理，可削弱冲突程度，降低关系冲突对关系主体间进行关系合作的信任程度、主观合作意愿的负面影响，提升关系凝聚力，促进关系双方的知识共享与交换。易加斌（2013）通过实证设计，证明了有效冲突管理能够降低彼此间的知识冲突，双方在冲突解决过程中传递知识，并通过往复的知识碰撞创造新的知识，从而加强知识转移的效率。Tjosvold，粟芳和万洁平（2002）的观点认为，高效的冲突避免来源于高品质的问题沟通，而这有利于促使关系双方创建一致性的战略目标和共同的利益机制，借由冲突预警与解决过程中彼此的互相影响，可以提升员工之间的学习与协作，提高信息透明度，双方更容易开展具有建设性和创造性的双边对话，从而形成知识创新的氛围，促进知识的创新和转移。

第五，企业关系资本的有效沟通能够直接作用于知识转移，提高其效率。从概念上看，知识转移是对来自外部的信息的认知、交流和接收过程（龚毅，谢恩，2005）。因此，能否有效地理解企业间所传递的信息的准确含义，判断信息的价值，推进信息流动，是影响企业间知识传递效率的关键因素之一。研究认为，信息交流是衡量知识转移操作层面的关键指标（Mohr，Fisher and Nevin，1996）。若信息交流的企业双方均主动去构建完备、畅通的沟通渠道，及时传递合作中出现的矛盾或问题并积极寻求解决方案，同时在频繁密切的沟通交流中互相影响培养日益良好的合作默契，则双方间的沟通为有效的沟通。通过有效沟通能够增强对关系对方的认知和了解，降低双方在合作过程中采取机会主义利己行为的概率。并且在关系联盟中，双方通过密切沟通所收获的信息常常是所要传递的知识的载体，因此有效的企业间信息沟通有助于完成组织间的知识转移，提高知识转移绩效。

第六，关系伙伴间的共同行动策略，意味着交易成员之间倾向于通过协调或合作的方式共同完成一些重要活动（Heide and John，1990）。从而，双方得以建立良好渠道用于分享彼此的观点、诀窍，同时在解决问题的过程中实现信息、知识等资源的学习和转移。学者 Nonaka（2009）也认为，共同行动能够改善复杂性知识和隐性知识的交换。复杂性知识和隐性知识具有默会性，一般不能通过语言、文字或符号明确表述，要促成它在组织间的顺利转移常常需要组织成员有较好的语言或行为默契，能充分领会对方的潜在意思表述。而合作成员在共同的目标制定、行动规划或问题求解过程中，必然会进行高频次、高密度的互相接触和信息交流，不断地接触和沟通过程有利于双方间互相了解，增进彼此的默契程度与信任程度，培养工作友谊甚至私人友谊。随着彼此信任与默契的加深，组织间信息和知识的转移与交流也会更加顺畅。

由以上分析可以看见，企业关系资本的六个维度都能促进组织间知识转移，而知识转移又能助力企业创新绩效，因此，本书认为企业关系资本可以通过先影响知识转移的路径间接影响创新绩效。即提出如下假设：

H8：知识转移在企业关系资本与创新绩效的关系中起中介作用，具体如下：

H8a：知识转移在信任与创新绩效的关系中起中介作用；

H8b：知识转移在承诺与创新绩效的关系中起中介作用；

H8c：知识转移在专用性投资与创新绩效的关系中起中介作用；

H8d：知识转移在冲突管理与创新绩效的关系中起中介作用；

H8e：知识转移在有效沟通与创新绩效的关系中起中介作用；

H8f：知识转移在共同行动与创新绩效的关系中起中介作用。

3.5　企业网络能力的调节效应分析及假设

丰富的企业关系资本能够为企业提供获得优质知识资源的途径（Wu Weiping and Choi，2004），但是优质知识能否成功获取，途径与平台是一方面，更重要的是企业是否具备充分运用该途径的能力。也就是说，企业间互补性知识资源的整合与传递、信息和数据的共享与互通不仅仅依赖于企业间固有的丰富关系资本，还有赖于企业对外部优质资源的敏锐识别和对优质资源的整合、消化、吸收的能力。在企业关系网络中，这种能力被解读为企业的网络能力，如 Hakansson（1987）将企业网络能力定义为企业改善其网络位置、处理特定网络关系、合理运用网络资源以获取竞争优势的综合性能力。企业网络能力一经提出即受到学者的广泛关注。学者们的研究认为，企业的关系营销战略与其网络能力有很大关联（Ritter，1999；Ritter and Gemunden，2003），高网络能力还有助于企业开辟更多的知识吸收途径，助力企业创新行为，提高竞争力。研究认为，企业的网络能力不同，即便嵌入于相同的网络组织中，享有同质的关系性资源，由于差异化的资本识别、整合能力，使得企业关系性资源的动态利用与价值发挥也不尽相同，引致组织间知识共享、转移的效率呈现显著差异。具体来讲，企业网络能力对企业关系资本各维度与知识转移间关系的调节作用表现为：

（1）企业网络能力对信任与知识转移的调节。企业网络能力的网络构建能力体现的是在网络愿景能力的指导下企业充分利用自身关系技能、构建外部网络关系、占据优势位置的能力（Moller and Halinen，1999）。即企业能在愿景规划基础上依据自身的战略资源缺口，识别判断欠缺的关系资源类型，积极筹建急需关系资源，构建丰富的高质量外部关系网络扩大知识获取途径（Moller and Halinen，1999）。高质量的网络关系则有利于提高网络成员间的信任与合作，有助于企业综合利用多维度网络关系获取外部资源，提升企业知识获取和转移的机会与成功概率。并且在高频率、优质量的交流与价值分享过程中，关系企业间更容易建立"自己人"的信任（朱晓琴，2011），从而促进知识的流动、转移。

（2）企业网络能力对承诺与知识转移的调节。企业网络能力的网络占位能力有助于企业占据网络中心的位置，缩短与其他网络成员之间的关联路径（Hansen，2002）。中央性的网络位置能够提高企业的声誉（Powell，et al.，2005）。核心的地位与优良的声誉都能增强企业承诺的可信度。占据网络中心的有利位置条件使得企业往往成为其他网络成员开展信息交换的中转站和网络内信息流与知识流的凝聚点，有助于企业更好地利用其网络关系，最大限度地获得网络信息和知识。同时，多渠道的信息获取还有利于企业准确判断其所获取信息的准确性与价值（Bell，2005）。因此，无论从信息获取的数量还是质量考虑，网络占位能力都有助于改善企业信息质量，增强其承诺可信度，从而吸引更多组织建立合作关系，改善知识转移绩效。

（3）企业网络能力对专用性投资与知识转移的调节。网络能力的愿景维度是网络能力在战略层面上的体现（张军利，2008）。网络愿景能力越强，越便于企业在战略高度上判断来自外部网络中不同关系的发展潜力或潜在价值，宏观掌握网络组织的发展轨迹与演化趋势（Teece，1998），从战略视角评价不同网络关系蕴含的信息和知识（Bonner，2005）。这一能力可以助力企业审视自身战略愿景与外部可得网络资源的适配度，及时洞悉企业战略发展的资源缺口（Holmen，2003）。然后，结合外部网络关系资源的现实或潜在价值，与企业自身的战略规划，挖掘能带来有利于自身发展的资源信息与知识信息的网络关系，并从战略高度出发加大专用性投资，一方面弥补资源缺口，另一方面利用专用性投资的"锁定"效应"抓住"合作机会、深化合作关系。在这一"抓住"与"锁定"中提高关系双方的合作密度、沟通频率，从而促进知识的学习与转移。

（4）企业网络能力对冲突管理与知识转移的调节。企业网络能力的关系优化维度彰显了企业动员、协调网络关系中其他主体的资源、知识、活动的能力（Moller and Halinen，1999）。多元化的关系网络给予了企业接触、获得多元化知识、资源的机会与可能性。一般来讲，关系优化能力显示了企业协调、管理二元关系的合理合法程度（Doving and Gooderham，2008）。在企业关系资本发挥冲突管理功效的过程中，若企业有高规格的关系优化能力，则必然会助力企业在潜在和已有组织间冲突面前扮演消防员角色，弱化冲突程度，将负面冲突合理引向常规的组织间沟通，并在沟通的过程中加深组织间知识、信息等资源的分享、传递，提高知识转移效果。

（5）企业网络能力对有效沟通与知识转移的调节。企业网络能力的关系优化能力强还彰显了企业在二元关系中，更容易获得关系伙伴的认可，有利于关系质量提升，关系亲密度加强。关系质量的改善一定程度上预示着网络关系双方的嫌隙降低，发挥网络关系优化的杠杆作用（Loeser，1999），大幅度提升企业在关系网络中的地位、声誉。而不管是亲密度提高、专属信任形成，还是声誉优化，都能润滑企业与关系企业间的沟通机制与渠道，优化双边沟通效率，从而加强知识资源共享意愿，提高知识转移绩效。

（6）企业网络能力对共同行动与知识转移的调节。企业在愿景规划基础上依据自身的资源缺口、积极筹建合作网络。在通过与其他组织的共同行动获取稀缺知识的过程中，企业需要决策与谁共同行动、向谁寻求知识，这种目标搜寻与评价往往需要付出一定的成本。而构建高质量的企业网络关系的能力有助于积累、优化企业的关系资本，降低搜寻、评价成本（Larson and Starr，1993）。良好的网络构建能力彰显了企业与网络成员建立关系的能力，扩大的网络规模有利于企业选择优质关系伙伴（Greve and Salaff，2003）以联合开展共同行动。且与大量网络关系的共同行动参与，还可以增加企业"干中学"的机会（Zahra，et al.，2000），锻炼企业整合新知识的技能，收益关键信息和知识。

按照温忠麟、侯杰泰等（2005）对变量调节效应的认定方法，即如果变量 X 对变量 Y 影响作用的强弱或方向受到第三个变量 M 的影响，则认定变量 M 为调节变量，如图 3.6 所示。研究调节变量的目的是为了明晰变量 X 在何种条件下影响变量 Y 或是在何种条件下变量 X 对变量 Y 的影响较大。

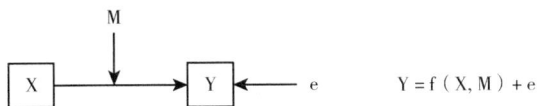

图 3.6 调节效应图示

资料来源：引自温忠麟等（2005）。

根据上述分析以及调节变量的认定方法以及理论逻辑分析，可以得出：企业网络能力的高低对企业关系资本促进组织间知识流动和转移的作用过程具有调节作用。本书提出如下假设：

H9：企业网络能力越强，企业关系资本对知识转移的促进作用越明显，具体包括：

H9a：网络能力在信任与知识转移的关系中发挥正向调节作用；

H9b：网络能力在承诺与知识转移的关系中发挥正向调节作用；

H9c：网络能力在专用性投资与知识转移的关系中发挥正向调节作用；

H9d：网络能力在冲突管理与知识转移的关系中发挥正向调节作用；

H9e：网络能力在有效沟通与知识转移的关系中发挥正向调节作用；

H9f：网络能力在共同行动与知识转移的关系中发挥正向调节作用。

3.6　本章小结

本章在对企业关系资本维度的理论梳理基础上，从企业关系资本的六个维度出发，基于知识转移的研究视角，阐述了企业关系资本、网络能力对知识转移、创新绩效的影响路径与机理。理论分析显示，企业关系资本对创新绩效有正向促进作用，但是这一促进作用需要通过知识转移的路径实现，同时企业网络能力的差异对关系资本的租金价值是否得到开发及开发程度如何有较大的影响。在此理论分析的基础上，本书提出了企业关系资本与创新绩效、知识转移与创新绩效、知识转移的中介作用和企业网络能力的调节作用共四组 19 条研究假设，汇总见表 3.1。

表 3.1　　　　　　　　　　　　**本书概念模型的假设汇总**

第一组假设：企业关系资本与创新绩效

　　H1：信任对创新绩效具有积极的正向影响
　　H2：承诺对创新绩效具有积极的正向影响
　　H3：专用性投资对创新绩效具有积极的正向影响
　　H4：冲突管理对创新绩效具有积极的正向影响
　　H5：有效沟通对创新绩效具有积极的正向影响
　　H6：共同行动对创新绩效具有积极的正向影响

第二组假设：知识转移与创新绩效

　　H7：知识转移对创新绩效具有积极的正向影响

第三组假设：知识转移的中介作用

　　H8：知识转移在企业关系资本与创新绩效的关系中起中介作用
　　H8a：知识转移在信任与创新绩效的关系中起中介作用
　　H8b：知识转移在承诺与创新绩效的关系中起中介作用
　　H8c：知识转移在专用性投资与创新绩效的关系中起中介作用
　　H8d：知识转移在冲突管理与创新绩效的关系中起中介作用
　　H8e：知识转移在有效沟通与创新绩效的关系中起中介作用
　　H8f：知识转移在共同行动与创新绩效的关系中起中介作用

第四组假设：企业网络能力的调节作用

　　H9：企业网络能力越强，企业关系资本对知识转移的促进作用越明显
　　H9a：网络能力在信任与知识转移的关系中发挥正向调节作用
　　H9b：网络能力在承诺与知识转移的关系中发挥正向调节作用
　　H9c：网络能力在专用性投资与知识转移的关系中发挥正向调节作用
　　H9d：网络能力在冲突管理与知识转移的关系中发挥正向调节作用
　　H9e：网络能力在有效沟通与知识转移的关系中发挥正向调节作用
　　H9f：网络能力在共同行动与知识转移的关系中发挥正向调节作用

表 3.1 的四组假设说明，企业拥有越丰富的关系资本，则从合作伙伴处获得的知识越丰富，进而享有更优异的创新绩效。同时，在企业关系资本促进知识转移绩效的路径上，企业的网络能力还发挥了调节作用。基于前述理论假设的分析与推演，本书构建了如图 3.7 所示的企业

关系资本对创新绩效的影响机制的实证分析框架。

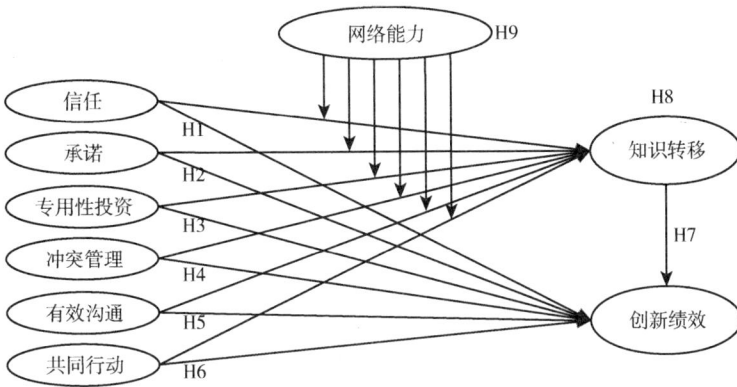

图 3.7   本书的实证分析框架

第4章　研究设计与数据调研

第 3 章介绍了本书的概念模型，并提出了相应的研究假设。诚然，影响企业创新绩效的因素很多很多，但本书理论解析中主要着眼于网络环境中的企业关系性资源与知识获取行为，将前因变量初步设定为企业关系资本、知识转移与企业网络能力。为了确保实证研究具有较高的信度与效度，本章将围绕本书的变量测量与数据调研展开阐述。在广泛解读国内外相关研究文献并总结已有研究成果的基础上，借鉴成熟的测量量表，并充分听取相关专家与企业人士的意见进行问卷的设计，以实现对企业关系资本、知识转移、创新绩效、网络能力等研究变量的有效测度。

本书涉及的主要变量包括自变量——企业关系资本、因变量——企业创新绩效、中介变量——知识转移、调节变量——企业网络能力和相关控制变量。这些变量的一个共同特征就是都比较难以进行直接量化测量，因此，本书对这些变量采取了 5 级 Likert 量表打分的方法进行处理。具体来讲，即基于已有的大量研究总结梳理已被多次验证的成熟量表，并在此基础上设计本书中变量的测度问项。

4.1　研究方法与数据收集

本书的核心构念企业关系资本、知识转移、企业网络能力等是难以直接量化测量的，需要借助大量的问项加以反映。因此，本书主要借助结构方程模型方法分析企业关系资本（包括信任、承诺、专用性投资、冲突管理、有效沟通、共同行动）对企业创新绩效的影响路径与机理，以及企业网络能力在其中的调节效用。除结构方程模型外，本书还选用了信度与效度分析、探索性因子分析与验证性因子分析等方法，共同完成本书的构念测量与实证验证。

4.1.1　主要研究方法

4.1.1.1　结构方程模型

结构方程模型（Structural Equation Model，SEM）是一种新型的统计数据分析工具，它综合运用了多元回归分析、路径分析（Path Analysis，PA）和验证性因子分析（Confirmative Factor Analysis，CFA）的方法（李怀祖，2004）。从数理本质上来看，它以各研究变量间的协方差矩阵为基本分析单元来探析变量间关系，所以也被称为协方差结构分析（侯杰泰，温忠麟，成子娟，2004）。其主要功能为验证性，即研究者依据预设模型与数据拟合的一致性程度，对预设的理论模型进行证实或证伪的评价。

（1）结构方程模型的优点。与多元回归分析和路径分析相比具有下列优点（侯杰泰，温忠麟，成子娟，2004）：同时处理多个因变量；允许一定程度的自变量与因变量的度量误差；可以同时分析因子间结构与关系；容许更大弹性的测量模型；可以整体估计模型拟合程度。特别的，结构方程分析能够允许自变量之间存在一定程度的相关关系，而不会出现在多元回归分析中对变量的多重共线性的症结。本书在对企业关系资本维度划分的探索性分析中，各个维度的关系资本难以避免会出现某种程度的相关性，恰好可以利用结构方程分析的上述优点，故此，本书选取结构方程分析方法来验证企业关系资本对创新绩效的影响。

（2）结构方程模型的结构。简单来说，结构方程模型有测量模型（measurement equation）和结构模型（structural equation）两部分（侯杰泰，温忠麟，成子娟，2004）。测量模型描述潜变量（各研究对象，如企业关系资本、知识转移、创新绩效）与对应的观测变量（各变量的测量问项）之间的关系，表示的是一个不可直接观测的潜变量（研究对象）可以由哪些观测变量（问项）来共同测度。结构模型描述的是各个潜变量（研究对象）之间的关系。各个潜变量之间的关系，即结构模型，通常是我们研究的焦点和兴趣重点，也因此整个分析被称作结构方程模型。

（3）结构方程模型的分析步骤。一般的结构方程分析可大致分为4个步骤：模型建构（model specification）、模型拟合（model fitting）、模型评价（mode assessment）和模型修正（model modification）（侯杰泰，温忠麟，成子娟，2004）。模型建构包括指定观测变量与潜变量的关系、各个潜变量之间的关系；模型拟合是对模型进行参数估计，即模型求解的过程；模型评价包括检视结构方程的解是否适当、参数与预设模型的关系是否合理、多个拟合指数是否通过检验等，用以验证预设的理论模型与数据拟合结果是否一致，拟合程度如何等；模型修正是依据理论分析和拟合结果，通过删除、增加或者修改模型参数来改善模型拟合度的统计量（Modification Indices，MI）。本书也将按照此步骤对企业关系资本与创新绩效间的关系展开分析。

（4）结构方程模型的分析软件。对于结构方程模型的统计分析软件，比较流行的有 LISREL（Linear Structural Relations）、AMOS（Analysis of Moment Structures）、EQS（Equations）和 Mplus 四种。其中 LISREL 是问世较早的一款，它是由 K. G. Joreskog 和 D. Sorbom 所发展的结构方程模型软件，也是被公认为最专业的，其权威性不容置疑。因此，本书选取了 LISREL8.70 软件包来实现结构方程模型的分析。

（5）结构方程模型的拟合评价。Anderson 和 Gerbing（1988）在其研究中指出，在对结构模型进行拟合优度检验之前，首先要确保所运用的测量模型是可接受的。所以，本书在结构模型验证之前，首先对测量模型进行了构想效度评价。而事实上，这一过程也正是本章后面将进行的验证性因子分析的过程。对 SEM 的拟合优度评价方面，从现有的研究来看，已有多种不同类型的指数可进行模型的评价与选择。比如，侯杰泰、温忠麟、成子娟（2004）与温忠麟、侯杰泰、Herbert W. Marsh（2004）从指数的特征出发推荐了一系列评价指标体系，这些指标往往不受样本容量制约、对错误设定的模型有较好的敏感度，且倾向于选择简洁的模型。Breckler（1990）认为要保证模型的拟合效果比较好，至少需要达到两个以上评价参数的标准要求。

依据 LISREL8.70 分析软件所能提供的评价指标值以及侯杰泰、温忠麟、成子娟（2004）与温忠麟、侯杰泰、Herbert W. Marsh（2004）的建议，本书将综合选用绝对拟合指数（absolute index）和相对拟合指数（relative index）来评价结构方程模型的拟合优度，其中绝对拟合指数本书选取了卡方 χ^2、RMSEA 两种，相对拟合指数选取了 NNFI、CFI 两种。各指数及参考准则如下（侯杰泰，温忠麟，成子娟，2004）：

卡方 χ^2 表征的是再生协方差矩阵与样本协方差矩阵间的差异。给定的显著水平下，χ^2 值小于某临界值则认为模型拟合良好。实际操作中，常用卡方与自由度（df）的比值，即 χ^2/df，当 χ^2/df 在 2.0～5.0 之间时，认为模型可以接受。

RMSEA（Root Mean Square Error of Approximation，近似误差均方根）衡量的是预设的理论模型与饱和模型的差异。饱和模型指各观测变量间均被允许相关而得到的模型，能非常全面地反映数据间的关系，所以 RMSEA 衡量了预设的理论模型与样本数据的耦合程度。RMSEA 值位于 0～1 之间，一般认为，其小于 0.1 表示可接受的拟合；RMSEA < 0.05 表示非常好的拟合；RMSEA < 0.01 表示非常完美的拟合，即 RMSEA 越趋近于 0 表明模型拟合的越好。

NNFI（Non-Normed Fit Index，非范拟合指数）取值在 0 ~ 1 之间，NNFI 值越趋近于 1 表示模型拟合程度越好，一般认为，NNFI >0.9 则视为模型可接受。

CFI（Comparative Fit Index，比较拟合指数）取值也在 0 ~ 1 之间，取值越趋近于 1 表示拟合越好，一般认为，CFI > 0.9 则视为模型可接受。

4.1.1.2 信度与效度分析

（1）信度分析。信度（reliability）指测验结果的一致性、稳定性及可靠性。常用于检验变量信度的指标有三种：稳定性（stability）、等值性（equivalance）和内部一致性（internal consistency）（李怀祖，2004）。其中又以内部一致性更常被学者们使用。

任何观测工具的测试题项都是有限的，即具有选择性，若不同测试题项能得出同样的测试结果则认为内部是一致的。内部一致性主要关注的即为不同测量题项带来的测试结果差异性。衡量内部一致性的方法主要有两种：KR20 法（Kuderd Richardson）与 Cronbach's α 系数法（李怀祖，2004）。KR20 法主要适用于测量答案为二选一的测量工具，不适用于本书量表的检验。Cronbach's α 系数则常被用于定距尺度的测试量表，本书研究量表采用的是 Likert – 5 级打分的形式，故本书选用 Cronbach's α 系数法检验量表的内部一致性。其表达式为：

$$\alpha = \frac{k}{k-1} \left| 1 - \frac{\sum_{i=1}^{k} \sigma_i^2}{\sum_{i=1}^{k} \sigma_i^2 + 2 \sum_{i=1}^{k} \sum_{j=1}^{k} \sigma_{i,j}} \right|$$

其中，k 为量表的题项数。一般认为探索研究的 Cronbach's α 系数大于 0.7，应用研究的 Cronbach's α 系数不小于 0.9，则认为数据通过内部一致性检验（李怀祖，2004）。由于本章所涉研究是探索企业关系资本的维度及测度量表，故而信度检验的 Cronbach's α 系数临界值为 0.7。

除内部一致性指标可用于检验变量的信度外，依照经验判断的方法，修正的题项 – 总体相关系数（corrected item total correlation，CITC）应大于 0.35（Ritter，2002）。因此，本书根据收集到的 192 份有效问卷数据，借助 SPSS19.0 分析软件，同时计算变量的 Cronbach's α 系数和修正的题项 – 总体相关系数，双管齐下以评价最终量表获得的数据是否具备充分的可信度。

（2）效度分析。效度（validity）即有效性，指选用的测量工具或手段能够在多大程度上真实反映所要考察变量的内容和性质（Zikmund，1998），它揭示了潜变量和测量指标（题项）之间的关系。效度可分成内容效度（content validity）、效标效度（criterion-related validity）和构想效度（construct-related validity）三种。其中，内容效度指的是指标题目对相关内容或行为取样的适用性，用来检验调研取样是否是所要测量的领域的代表性取样。效标效度又称为实证效度，反映的是预测个体在某种情境下的行为表现的有效性程度。构想效度指我们所进行的调研测验能够在多大程度上达到理论上的构想或特质，即调研的结果是否能够验证或解释某一理论的假设或构想，可解释的程度如何。

首先，本书的初始量表来源于作者对大量的文献解读与专家及行业从业人员确认，因此有理由认为量表设计符合内容效度要求；然后，从可操作性考量本书无法开展效标效度检验。所以，本书主要检验初始量表的构想效度。同时，Anderson 和 Gerbing（1988）的研究也认为检验变量关系前应首先评估构想效度。构想效度的常用检验方法有两种：一是相关系数法。计算各个题项的分值与总分值的相关系数，表现为显著相关，表明该量表有较好的构想效度，否则剔除不显著的题项；二是因子分析法。对各潜变量的测量题项做验证性因子分析，因子负荷值大于0.5 说明通过效度检验（Fomell and Larcker，1981），且因子负荷值越大，代表变量的构想效度越高。

本书借助 SPSS19.0 分析软件，对回收的 192 份有效问卷数据采用因子分析法检验变量的构想效度，以确保数据适合做进一步的因子分析。

4.1.1.3 探索性与验证性因子分析

因子分析是基于相关系数矩阵进行的变量内部结构的研究，目的是找出能控制或代表所有原始变量的几个少数变量来描述原变量间的关系，然后根据相关性大小实现变量分组。找到的少数几个变量通常被称为因子（DeCoster，1998）。因子分析有验证性（CFA）和探索性（EFA）两种。它们都以普通因子模型为基础，通过寻找公共因子达到减少变量个数的目的，不同之处在于寻找公共因子的过程中，是否会用到先验信息。

探索性因子分析是事先不知道具体影响因素，完全依靠数据资料，借由统计软件的分析，逐渐析出影响原有观测变量的因子，以及因子与观测变量间的关系。以此为指导思想，探索性因子分析以收集观测变量为源头，计算原始数据的相似系数矩阵，然后利用相关统计软件、选用适当的分析方法提取公共因子，随后进行因子旋转以使因子结构更趋近于合理（Devellis，1991），最后得到的因子结构应该能使每个变量只在一个因子上有较大负荷，最后获得因子得分。具体分析步骤如图4.1所示。

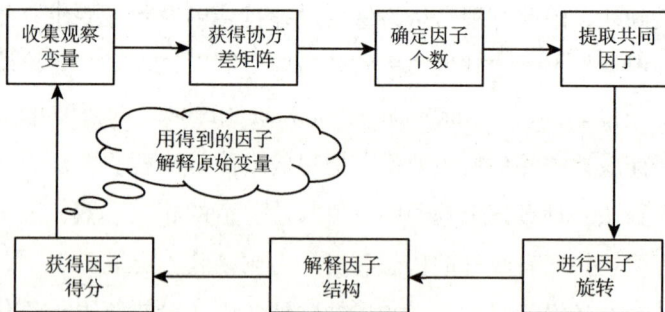

图4.1　探索性因子分析的基本流程

资料来源：刘军. 管理研究方法：原理与应用 [M]. 北京：中国人民大学出版社，2008：217.

验证性因子分析则是事先已知基本因子结构，然后通过适当的统计分析检验搜集的数据资料是否符合预知的因子结构，以检验预知因子模型能够拟合实际数据的能力（Child，1990）。验证性因子分析的流程与探索性恰好相反。它首先定义因子模型，作为预设因子结构，然后收集观测数据，根据相关系数矩阵进行拟合计算，评价预设模型是否恰当，而为了得到最优模型，常常还需要与其他模型进行对比。具体流程如图4.2 所示。

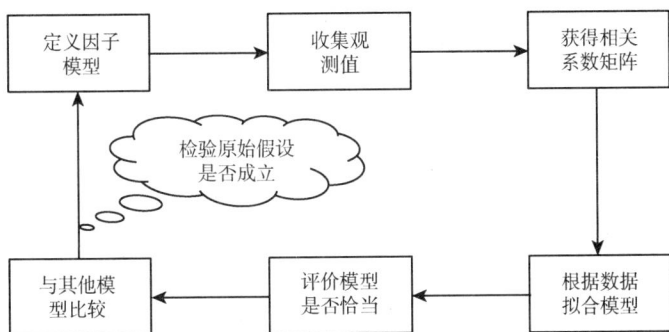

图4.2 验证性因子分析的基本流程

资料来源：刘军．管理研究方法：原理与应用［M］．北京：中国人民大学出版社，2008：218.

4.1.2 数据收集

本书的实证统计分析是基于问卷设计与数据调研的，因此，为了使实证分析可信必须保证调研数据是对事实的真实反映。为此本书以调研对象选择、区域聚焦、渠道多元三个方面从源头提升调研的基本有效性。

本书的调研对象为高新技术企业。它们的主营业务多具备科技含量高、发展变革快、创新需求旺等特征。面对市场环境和技术环境日新月异的变化，高新技术企业必须不断的加强学习、努力创新，才能保持、提高竞争优势。而且，在其创新的过程中，不可避免地要与其他科研机构或组织进行合作，形成"关系"，并利用这一"关系"学习先进知识。所以，锁定高新技术企业进行调研比较契合本书的理论背景，也最能获得本书的数据需求。操作中，本书参考了国家科技部、财政部和税务总局联合发文的《高新技术企业认定管理办法》（2008）[1] 中的相关规定来识别高新技术企业。该办法中指出高新技术企业需满足下列条件：企业拥有核心技术的知识产权；产品（服务）属于《国家重点支持的高新技术领域》规定的范围；科技从业人员占企业当年职工总数的30%以上，其中研发人员占10%以上；进行持续的研究开发活动，且研发费用总额占销售收入总额的比例符合相关要求；高新技术产品（服务）所得收入占企业当年总收入的60%以上；企业的科技成果转化能力、自主知识产权数量、销售与总资产的成长性等指标符合《高新技术企业认定管理工作指引》的要求。依据《国家重点支持的高新技术领域》规定以下共八种属于高新技术领域：电子信息、生物与新医药、航空航天技术、新材料技术、高新技术服务业、新能源及节能技术、资源与环境技术、高新技术改造传统产业。[2] 考虑到数据的可获得程度，本书将如下六个行业中的企业作为调研对象：电子信息、通信、软件、生物医药、新能源、石化。

本书调研对象的区域选择主要定位在沿海经济发达地区，如天津、北京、河北、广东、上海等省份和城市，这也是为了尽可能地降低不同经济发展程度对数据统计分析造成的内生影响。

在问卷发放的渠道上，本书主要采用下列四种方式：

（1）直接发放。主要是通过网络搜索拿到天津、北京、上海、广州等沿海城市的高新技术企业名录，按照企业名录上的联系方式联系到对方负责人，与其讲明本次调研的原因、目的、意义，请求对方的支持配

---

①② 中华人民共和国科技部网站，详见 http://www.most.gov.cn/。

合，然后通过 E – mail 发送电子问卷；若未能联系上对方负责人，则直接通过电子邮件的形式向其讲明调研目的，并随之发送调查问卷；若企业名录上没有电话、邮件地址等联系信息，则使用企业名称作为关键词在百度搜索上检索，若搜索到则首先尝试联系对方负责人，其次通过电子邮件的形式发送问卷。

（2）间接发放。直接联系天津滨海新区管委会（通过同学取得联系）、天津海泰集团（通过课题组成员取得联系）、华苑产业园区管委会（通过课题组成员取得联系）等机构，经由他们的渠道向其管辖区域内的高新技术企业或控股公司发放调研问卷。问卷发放主要采用电子邮件传递电子问卷的形式。

（3）课堂发放。借助于课题组在 MBA、EMBA 培训班授课的老师的帮助，在其上课课间时间向本校 MBA、EMBA 班级学员发放问卷。MBA、EMBA 班级学员大多是有固定工作而利用休息时间参加培训、学习理论知识的人员，且多为企业的管理人员，对企业与其他企业的业务关系比较熟悉，适合做本书的被调研对象。在向学员们发放问卷时，尽量挑选在高新技术行业企业工作的学员，并在问卷回收后对问卷进行二次筛选，凡回收的问卷不属于高新技术行业企业的予以剔除。

（4）网络发放。利用网络的便捷性，在调查派网站①上注册并制作电子问卷。然后通过电话联系、QQ、微信、微博等途径向自己的同学、朋友、亲戚等广泛发送问卷链接，并请他们再次向其人际关系网络发送问卷链接，在所有接到问卷链接的关系人中，请那些正在高新技术企业的人员填写问卷。这一途径发送的问卷数量较大，但伴随的问题是无效问卷比例也较之前三种较高，比如所涉企业不是高新技术企业、企业所在地区不是沿海地区、某些人出于非自愿填写造成的数据扭曲等。

本书的调研问卷是基于各变量的量表识别与测量而形成的，各研究

---

① 网址：http://www.diaochapai.com/。

变量量表的识别与验证将在本章随后的内容进行详细介绍。基于各个测量量表，采用 Likert－5 级量表打分的方法制作调查问卷。测度量表中数字 1~5 依次代表对所阐述的题项内容从完全不同意到完全同意的顺次过渡，数字 3 代表中庸态度。完成问卷设计后，本研究即展开在沿海经济发达地区的广泛调研，整个调研持续了长达 5 个月的时间（2013 年 10 月至 2014 年 2 月），共收回有效问卷 192 份，整个调研的问卷发放与回收情况见表 4.1 所示。

表 4.1 　　　　　　　　　　　问卷发放和回收情况

发放途径	发放问卷数（份）	回收问卷数（份）	回收率（%）	有效问卷数（份）	有效率（%）
直接发放	237	18	7.59	16	6.75
间接发放	60	43	71.67	39	65.00
课堂发放	73	69	94.52	65	89.04
网络发放	—	106	—	72	—
合计	—	236	—	192	—

　　通过搜寻企业名录的方式直接与目标企业取得联系，进而给企业发送电子邮件展开调研，这种直接发放问卷的形式花费了大量的时间和精力，但由于属于盲发，问卷的回收情况非常不理想，有效率也比较低；而通过借助于个人及课题组熟识的企业高管向其业务往来企业发放问卷的间接发放形式，以及通过课题组老师的 MBA、EMBA 授课的课堂发放形式的回收率和问卷有效率都比较高；通过个人关系网络发放电子问卷链接的网络发放途径的问卷回收率也比较理想。

　　对回收上来的问卷首先进行初步筛选，按本书的设定，将不属于高新技术的企业和不在本书拟定的沿海地区地域范围的问卷剔除，然后将回答不完整的问卷、选项中打分过于集中在均值 3 或倾向于同一分值、答题者主观臆想随意乱答的问卷以及打分呈现明显规律变化的问卷予以剔除，最终通过四种途径共获得了有效问卷 192 份。对此 192 份问卷企业的属性特征简要描述见表4.2。

表4.2　　　　样本企业的基本特征及其分布情况（N=192）

企业属性	类别	样本数	占总数百分比（%）	累计百分比（%）
所在行业	电子信息	31	16.15	16.15
	通信	37	19.27	35.42
	软件	67	34.90	70.31
	生物医药	24	12.50	82.81
	新能源	4	2.08	84.90
	石化	29	15.10	100.00
所有制性质	国有及国有控股	32	16.67	16.67
	集体所有	28	14.58	31.25
	民营及民营控股	71	36.98	68.23
	外商独资	12	6.25	74.48
	中外合资	49	25.52	100.00
企业规模（在岗员工人数）	50人及以下	18	9.38	9.38
	51~100人	37	19.27	28.65
	101~200人	48	25.00	53.65
	201~500人	51	26.56	80.21
	501~1000人	27	14.06	94.27
	1000人以上	11	5.73	100.00
企业年龄	5年及以下	64	33.33	33.33
	6~10年	49	25.52	58.85
	11~15年	43	22.40	81.25
	16年及以上	36	18.75	100.00
企业所在地	天津	104	54.17	54.17
	北京	32	16.67	70.83
	河北	39	20.31	91.15
	上海	12	6.25	97.40
	广东	5	2.60	100.00

通过表 4.2 中数据可以看见，本书所得样本基本涵盖研究设计中的电子信息、通信、软件、生物医药、新能源、石化六个行业；企业所有制性质涵盖了国有、集体、民营、外商独资和中外合资；企业员工规模分布较为平均；企业所在地多集中于天津、北京和河北，少量来自上海和广东；企业成立时间长短均有。

对于到底需要多大样本才可以进行结构方程模型分析，不同学者有不尽相同的观点。Lomax（1989）认为，样本容量即便达不到 200 以上，至少也应该达到 100 个。同样，Mueller（1997）也认为样本容量至少要在 100 以上。与之不同，Kling（1998）认为，若研究变量的分布符合正态分布规律，则每个观察变量满足有 5 个样本就足够了；若不符合正态分布规律，则每个观察变量需要至少 10 个样本（黄芳铭，2004）。一般情况下普遍认为，大于 200 的样本才能被称为中型样本，但是，Tabachnick 和 Fidell（2012）的研究中则提出，在运用较新的数理统计检验方法进行相关实证分析时，允许的样本容量可最多降低至 60 个观察值。总之，大多数实证研究中对结构方程模型检验需要的样本容量都支持至少应在 100～200 个。本书的有效样本数为 192 个，基本符合中型样本容量的要求，因此，可以对样本数据展开结构方程模型分析。

4.2　自变量的识别与测量

根据 Hinkin（1995）和李怀祖（2004）的观点，量表的开发一般应包括三个阶段：题项生成、专家认可、预测试检验。具体的，对企业关系资本的量表设计、讨论和验证，本书按照以下步骤进行：（1）文献分析。大量阅读企业关系资本相关领域内的中英文文献，进行归纳总结以发现已有研究中关于企业关系资本测量的有益结论。然后有重点的精读企业关系资本测量研究中的经典文献，整理其对于企业关系资本的测量量表。（2）实践访谈。根据本书对企业关系资本维度的文献解析，采用半结构化方式访谈海泰集团的 5 家企业（访谈提纲见附录 1）。目的有二：一是初步验证基于文献解析的企业关系资本维度预设；二是深入挖掘企业关系资本的生成要素和测度重点、难点。在（1）和（2）基础上，编制企业关系资本测度量表。（3）量表测试。根据步骤（2）获得的初始量表，编制预试调查问卷，并向企业发放收集数据。然后对回收的调研数据进行探索性因子分析，纠正初始量表中的题项设置，最后对形成的变量做信度分析。（4）量表确认。针对步骤（3）获得的量表重新编制问卷、发放问卷、收集数据，然后对新数据进行信度和效度检验和验证性因子分析，从而实现对本书所开发的量表的进一步确认。

4.2.1 企业关系资本的初始量表

为了实现对企业关系资本的测度，本书进一步分析 Kale 等（2000），Cullen、Johnson 和 Sakano（2000），Wu 和 Cavusgil（2006），De Clercq 和 Sapienza（2006）等对企业关系资本的研究。在总结各学者对企业关系资本的研究维度基础上，结合本书的研究内容，即探讨企业关系资本对知识转移、创新绩效的影响，对核心变量企业关系资本的测量上，力求打破原有量表的局限性。又根据本节对企业关系资本的详细讨论，并综合企业访谈，本书提出对企业关系资本的测度量表，即将企业关系资本的不同衡量维度——信任、承诺、专用性投资、冲突管理、有效沟通、共同行动等进行分析与重新归纳，整合出适合本书的企业关系资本的维度与量表。提出初始量表后，首先请本校商学院三位相关领域教授审阅。然后，在课题组研究团队中与其他老师和同学进行充分讨论。最后，征求了来自海泰集团、森罗公司、中海油、艾默生的四位企业管理人员的意见。根据上述意见对量表进行了修正，结果如表 4.3 所示。

表 4.3 **企业关系资本的预设量表**

题项内容	依据或来源
信任： 1. 我们信赖关联企业可以很好履行其责任 2. 我们信赖关联企业的技术专业程度 3. 我们信赖关联企业不会泄露我们的机密 4. 我们信赖关联企业所提供信息的准确性 5. 合作过程中，我们与关联企业的相关人员建立了良好的友谊 6. 在与关联企业的合作中，我们能够无保留的分享各种资源	Tsai 和 Ghoshal，1998 Kale 等，2000 Yli-Renko，Autio 和 Sapienz，2001 Beugelsdijk 和 Smulders，2003 Maurer，Bartsch 和 Ebers，2011
承诺： 1. 我们承诺与关联企业的合作遵守互惠互利的原则 2. 我们与关联企业致力于保持长久的合作关系 3. 我们会信守对关联企业的承诺 4. 我们相信关联企业对我方也有同样承诺并可以信守诺言	Kale 等，2000 Yli-Renko，Autio 和 Sapienz，2001 Beugelsdijk 和 Smulders，2003 Maurer，Bartsch 和 Ebers，2011
专用性投资： 1. 为维护关系，我们投入了大量的时间和精力 2. 为维护关系，我们在土地、设备等有形资产方面进行了专门投资 3. 为维护关系，我们在人员、技术等无形资产方面进行了专门投资 4. 我们进行了与关联企业管理者、员工的私人关系投资	Ganesan，1994 Smith 和 Barclay，1997 Wu 和 Cavusgil，2006 魏旭光等，2013
冲突管理： 1. 我们与关联企业间存在解决合作冲突的方法或惯例 2. 我们与关联企业能够监控和预防合作中的潜在冲突 3. 当冲突发生时，我们与关联企业共同努力解决问题 4. 当冲突发生时，双方高管都参与冲突的解决	Kale，Singh 和 Perlmutter，2000 Lam 和 Chin，2005 Mele，2011
有效沟通： 1. 我们与关联企业间具有双向沟通机制 2. 我们与关联企业无保留地与对方分享重要信息 3. 我们与关联企业能够准确理解对方发出的信息 4. 我们与关联企业能够保障所传递信息的准确性	Tjosvold，粟芳，万洁平，2002 Chen，Liu 和 Tjosvold，2005 M. Sambasivan，2011

题项内容	依据或来源
共同行动： 1. 我们与关联企业有共同的、可共享的目标 2. 我们与关联企业能够根据目标共同制定行动规划 3. 我们与关联企业能够进行共同决策 4. 面对问题时，我们与关联企业能够共同求解	De Clercq 和 Sapienza，2006 Collins 和 Hitt，2006 薛卫，雷家骕，易难，2010

4.2.2　企业关系资本的初始量表检验

通过理论分析梳理出企业关系资本的初始量表后，本书将继续对该量表进行检验。检验将综合运用 SPSS19.0（做变量的信度分析和探索性因子分析）和结构方程模型分析软件 LISREL8.70（做变量的验证性因子分析）共同完成。具体本书采取了如下步骤：第一，收集的样本数据，针对初步量表展开探索性因子分析（Exploratory Factor Analysis，EFA）。根据 EFA 的分析结果探索企业关系资本的维度划分，删除因子载荷不符合要求的题项。第二，对 EFA 形成的变量分别进行信度检验，逐步逐次删除能提高 Cronbach's α 系数的指标题项。第三，对剩余的题项做因子分析，确认被认为符合信度条件题项的因子构成是否符合研究设计。第四，重复一到三的步骤，直到整个量表所有题项都符合效度和信度的要求为止。第五，重新收集数据构建测量模型，借助验证性因子分析（CFA）方法进一步确认经上述步骤形成的企业关系资本的量表构成。

4.2.2.1　企业关系资本初始量表的探索性分析

因子分析可以探寻数据的基本结构，找到能够反映数据真实情况的、有意义的因子构成（马庆国，2002），因此，本书首先借助探索性因子分析方法来探析企业关系资本的维度划分和量表构成。

　　按照 4.1.2 节中介绍的数据收集方法，本书第一次数据收集主要采用了课堂发放的形式（问卷见附录 2），通过课堂途径发放问卷 73 份，收回 73 份，其中有效问卷 69 份，问卷回收率为 100%，有效率为 94.5%。

　　在进行因子分析前，首先检验各指标间的相关性。本书选用 KMO 指标和 Bartlett 球形统计值来检验，检验结果见表 4.4。表中可见，KMO 值为 0.782，大于检测标准 0.7，且 Bartlett 球形统计值显著异于 0，说明该数据样本适合做进一步的因子分析（马庆国，2002）。

表 4.4　　企业关系资本样本的 KMO 和 Bartlett 球形检验（N = 69）

KMO 取样适当性测试值		0.782
Bartlett 球形检验	近似卡方值	1084.990
	自由度	325
	显著性水平	0.000

资料来源：根据 SPSS19.0 统计结果整理。

　　KMO 和 Bartlett 球形检验后，本书继续进行探索性因子分析。

　　第一步，本书探索性因子分析中各参数设置为选用主成分分析方法，以特征值大于 1 的方式抽取因子，采用的旋转方法为最大方差法，输出结果见表 4.5。

表 4.5　　　　　企业关系资本的探索性因子分析结果（N = 69）

题　项	描述性统计		因子负荷						
	均值	方差	1	2	3	4	5	6	7
信任 1	3.869	0.735	0.248	0.671	0.182	0.070	0.191	0.282	0.034
信任 2	4.073	0.509	0.251	0.690	0.255	-0.002	0.323	0.100	0.081
信任 3	3.986	0.691	0.065	0.880	0.265	0.193	0.052	0.285	0.053
信任 4	4.000	0.529	0.175	0.784	0.239	0.137	0.186	0.174	0.122
信任 5	4.289	0.532	0.548	0.262	0.124	0.046	0.154	0.226	0.593
信任 6	3.551	0.869	0.170	0.230	-0.100	0.538	0.219	0.181	0.631
承诺 1	3.551	0.869	0.181	0.230	-0.100	0.358	-0.319	0.770	0.012

题　项	描述性统计		因子负荷						
	均值	方差	1	2	3	4	5	6	7
承诺 2	4.217	0.643	0.040	0.133	0.358	0.007	−0.081	0.683	0.077
承诺 3	4.333	0.520	0.063	0.280	0.134	−0.031	0.003	0.722	0.167
承诺 4	3.986	0.632	0.242	0.206	0.172	0.072	−0.121	0.821	0.215
专用性投资 1	3.869	0.880	−0.245	−0.120	−0.302	0.691	0.033	0.082	0.184
专用性投资 2	3.579	1.688	0.048	−0.283	0.254	0.795	0.164	0.148	0.182
专用性投资 3	3.942	0.938	−0.123	0.223	0.014	0.696	0.156	0.308	0.193
专用性投资 4	3.725	1.144	0.227	0.242	−0.053	0.856	0.285	0.179	0.276
冲突管理 1	3.869	0.824	−0.219	0.047	0.150	0.232	0.696	0.037	0.162
冲突管理 2	4.015	0.603	−0.152	0.050	0.223	0.265	0.726	0.231	0.132
冲突管理 3	4.289	0.503	0.138	−0.028	0.036	0.094	0.760	0.083	0.194
冲突管理 4	4.232	0.651	−0.106	0.072	0.199	0.209	0.824	0.005	0.122
有效沟通 1	4.145	0.685	0.760	−0.057	−0.026	0.194	0.114	0.149	0.148
有效沟通 2	3.536	0.899	0.688	0.194	0.057	0.298	0.255	0.328	0.235
有效沟通 3	3.899	0.563	0.714	0.012	0.117	0.219	0.071	0.305	0.114
有效沟通 4	4.015	0.456	0.877	0.028	0.037	0.150	0.256	0.274	0.056
共同行动 1	3.971	0.764	0.182	0.036	0.693	0.186	0.196	0.025	0.152
共同行动 2	3.928	0.686	0.219	0.084	0.728	0.155	0.147	0.148	0.207
共同行动 3	3.783	0.643	0.094	0.126	0.776	0.022	−0.134	0.146	0.186
共同行动 4	3.971	0.587	0.225	0.087	0.814	0.107	0.072	0.059	0.079

资料来源：根据 SPSS19.0 输出结果整理（抽取方法：主成分分析法，基于特征值大于 1；旋转方法：最大方差法）。

由表 4.5 中可以看到，按照特征值大于 1 的要求，共抽取了七个因子。各个题项的因子都有大于 0.5 的因子负荷，符合统计要求。经主成分分析，承诺、专用性投资、冲突管理、有效沟通和共同行动的 4 个题项均在同一个因子中。但是信任的第 5 个题项和第 6 个题项的因子负荷值分布较为平均。具体表现为，第 5 个题项在因子 1（负荷值为 0.548）和因子 7（负荷值为 0.593）分布均匀，题项 6 在因子 4（负荷值为

0.538）和因子7（负荷值为0.631）分布均匀，并且它们的最大负荷并没有出现在与其他大多数题项的最大负荷的同一个因子中。依据因子分析原理，由于信任的第5个和第6个题项与其他题项在统计上表现出显著的差异性，顾考虑将这两个题项从量表中剔除，这样一方面可以提高数据结构的合理性，另一方面也与本书的理论设定更一致。

第二步，删除信任的第5个和第6个题项数据，针对其余数据再次做探索性因子分析，具体方法和参数设置与上步相同，输出结果见表4.6。

表4.6　修正后的企业关系资本的探索性因子分析结果（N=69）

题　　项	因子负荷					
	1	2	3	4	5	6
信任1	0.306	0.716	0.085	0.247	0.066	0.140
信任2	0.268	0.779	0.337	0.027	−0.197	0.046
信任3	0.269	0.897	0.203	0.073	0.034	0.238
信任4	0.291	0.804	0.122	0.237	0.006	0.022
承诺1	0.170	−0.120	0.115	0.083	0.215	0.806
承诺2	0.087	0.126	0.290	0.182	0.021	0.729
承诺3	0.133	0.217	0.063	0.116	−0.156	0.786
承诺4	0.222	0.135	0.183	0.043	−0.004	0.862
专用性投资1	0.100	0.312	−0.249	0.761	0.046	−0.023
专用性投资2	0.350	0.228	0.146	0.814	0.275	0.177
专用性投资3	0.193	0.082	−0.037	0.779	0.118	0.233
专用性投资4	0.147	0.160	0.271	0.868	0.111	0.226
冲突管理1	−0.016	0.036	0.276	0.348	0.703	0.195
冲突管理2	0.106	0.104	0.407	0.169	0.760	0.226
冲突管理3	0.024	0.067	0.057	−0.030	0.783	0.124
冲突管理4	0.043	0.118	0.300	0.041	0.849	0.235
有效沟通1	0.798	0.188	0.131	0.025	0.196	0.168
有效沟通2	0.725	0.147	0.033	0.283	0.240	0.183
有效沟通3	0.765	0.069	0.126	0.071	0.128	0.118

续表

题　　项	因子负荷					
	1	2	3	4	5	6
有效沟通 4	0.876	0.039	0.073	0.244	-0.054	0.121
共同行动 1	0.116	0.126	0.715	0.215	0.121	0.234
共同行动 2	0.087	0.321	0.794	0.118	0.199	0.162
共同行动 3	0.301	0.203	0.824	0.135	0.203	0.111
共同行动 4	0.145	0.290	0.845	0.022	0.023	0.047

资料来源：根据 SPSS19.0 输出结果整理（抽取方法：主成分分析法，基于特征值大于 1；旋转方法：最大方差法）。

通过表 4.6 可以看到，剔除两个题项后，新量表的 24 个题项的最大因子负荷值都在 0.5 以上（最大值为 0.897，最小值 0.703），并且没有因子负荷分布较为平均的题项，可以进一步运用和分析。剩余的六个因子的构成与本章的理论分析相一致，这六个因子分别代表了企业关系资本的六个维度：信任、有效承诺、专用性投资、冲突管理、有效沟通和共同行动。

4.2.2.2　企业关系资本初始量表的一致性检验

本节将通过计算六个维度企业关系资本变量的题项 – 总体相关系数（CITC）和每个变量的内部一致性指数（Cronbach's α 系数），来检验评价对企业关系资本维度划分的信度。同时，观测删除每一个题项后内部一致性指数（Cronbach's α 系数）的变化趋势，以确定是否可以通过删除某些题项指标使得整体量表的信度提升。

首先，将初始量表的全部 26 个题项做信度检验，输出结果见表 4.7。从表 4.7 中可以看出，所有题项 – 总体的相关系数（CITC）都大于 0.35，同时，所有六个维度的内部一致性指数，即 Cronbach's α 系数，均超过 0.7。数据适合进行下一步操作。

表 4.7　　　　　企业关系资本六个维度变量的信度检验（N = 69）

变量	题项	CITC	Alpha if item deleted	Cronbach's α
信任	信任 1	0.761	0.816	0.843
	信任 2	0.738	0.829	
	信任 3	0.757	0.836	
	信任 4	0.790	0.827	
	信任 5	0.754	0.872	
	信任 6	0.764	0.859	
承诺	承诺 1	0.691	0.792	0.862
	承诺 2	0.761	0.849	
	承诺 3	0.724	0.817	
	承诺 4	0.750	0.851	
专用性投资	专用性投资 1	0.821	0.854	0.868
	专用性投资 2	0.782	0.825	
	专用性投资 3	0.823	0.853	
	专用性投资 4	0.795	0.863	
冲突管理	冲突管理 1	0.806	0.893	0.902
	冲突管理 2	0.790	0.864	
	冲突管理 3	0.839	0.878	
	冲突管理 4	0.834	0.862	
有效沟通	有效沟通 1	0.822	0.861	0.879
	有效沟通 2	0.803	0.810	
	有效沟通 3	0.795	0.830	
	有效沟通 4	0.841	0.857	
共同行动	共同行动 1	0.803	0.831	0.936
	共同行动 2	0.859	0.873	
	共同行动 3	0.855	0.899	
	共同行动 4	0.809	0.823	

资料来源：根据 SPSS19.0 的输出结果整理。

我们继续观察每个变量的内部一致性指数，即 Cronbach's α 系数的变化趋势（Alpha if item deleted），计算发现，除了信任维度的第 5 个和第 6 个题项外，剔除其余任何一个题项后都将引起内部一致性指数的降低。因此，综合上节中探索性因子分析的结果，我们正式将信任的第 5 和第 6 两个题项予以剔除，从而最终形成包含六个维度共 24 个题项的企业关系资本量表。

对剔除了第 5 和第 6 两个题项的信任维度变量的信度分析结果见表 4.8。分析表明，剔除了第 5 和第 6 两个题项后，变量的内部一致性系数有显著提升，且大于 0.7。同时，该变量的所有剩余题项的 CITC 系数也都大于 0.35，表明剔除两个题项后的企业关系资本信任维度的数据能够通过信度检验。

表 4.8　　　　企业关系资本信任维度变量的信度检验　（N = 69）

变量	题项表述	CITC	Cronbach's α
信任	1. 我们信赖关联企业可以很好履行其责任	0.830	0.907
	2. 我们信赖关联企业的技术专业程度	0.792	
	3. 我们信赖关联企业不会泄露我们的机密	0.824	
	4. 我们信赖关联企业所提供信息的准确性	0.851	

资料来源：根据 SPSS19.0 的输出结果整理。

4.2.2.3　企业关系资本构成要素的验证性分析

通过上述两节的探索性因子分析和信度检验，我们初步得出了企业关系资本的六个维度划分及其题项指标组成的量表，然而，对这一量表还需要进行进一步的验证性因子分析加以证实。

为了实现对企业关系资本的验证性分析，本书采用上文中探索性分析得到的包含六个维度 24 个题项的企业关系资本量表，并进行了更大范围的数据调研和问卷发放（问卷见附录 3）。数据收集方式与数据基本特征在本书 4.1.2 数据收集小节中已做了详细介绍，不再赘述。

通过大范围问卷发放，本书共回收来自沿海各地高新技术企业的 192 份有效数据。本书将首先对来自回收的 192 份有效问卷企业关系资本的数据进行描述性统计分析，分析结果如表 4.9 所示。然后，针对数据进行信度检验，检验方法依旧采用六维度企业关系资本变量的题项 – 总体相关系数（CITC）和各个变量的内部一致性指数（Cronbach's α 系数）。

由表4.9可以看出，所有题项 – 总体的相关系数（CITC）都大于 0.35，同时，所有六个维度的内部一致性指数，即 Cronbach's α 系数，均超过 0.7。因此，该数据通过信度检验，可以进行下一步操作运算。

表4.9　　　　　　　企业关系资本各题项的描述性统计分析和
信度检验（N = 192）

变量	题项	均值	方差	CITC	Cronbach's α
信任	信任1	3.70	0.914	0.713	0.805
	信任2	3.76	0.825	0.738	
	信任3	3.71	1.116	0.854	
	信任4	3.82	0.890	0.864	
承诺	承诺1	4.08	0.889	0.695	0.808
	承诺2	3.94	0.897	0.705	
	承诺3	4.07	0.964	0.713	
	承诺4	3.76	0.895	0.689	
专用性投资	专用性投资1	3.90	0.938	0.610	0.796
	专用性投资2	3.50	1.351	0.806	
	专用性投资3	3.67	1.122	0.713	
	专用性投资4	3.70	1.071	0.679	
冲突管理	冲突管理1	3.71	0.993	0.761	0.865
	冲突管理2	3.50	0.869	0.861	
	冲突管理3	3.79	1.027	0.880	
	冲突管理4	3.72	1.122	0.774	
有效沟通	有效沟通1	4.01	0.796	0.806	0.842
	有效沟通2	3.50	1.120	0.819	
	有效沟通3	3.84	0.782	0.934	
	有效沟通4	3.73	0.730	0.735	
共同行动	共同行动1	3.76	0.877	0.733	0.829
	共同行动2	3.65	1.057	0.771	
	共同行动3	3.66	0.801	0.743	
	共同行动4	3.73	0.890	0.673	

资料来源：根据 SPSS19.0 的输出结果整理。

　　描述性统计分析和信度检验后，本节将对企业关系资本的六个维度 24 个题项构建测量模型进行验证性因子分析。构建的测量模型如图 4.3 所示，模型拟合输出结果数据如表 4.10 所示。

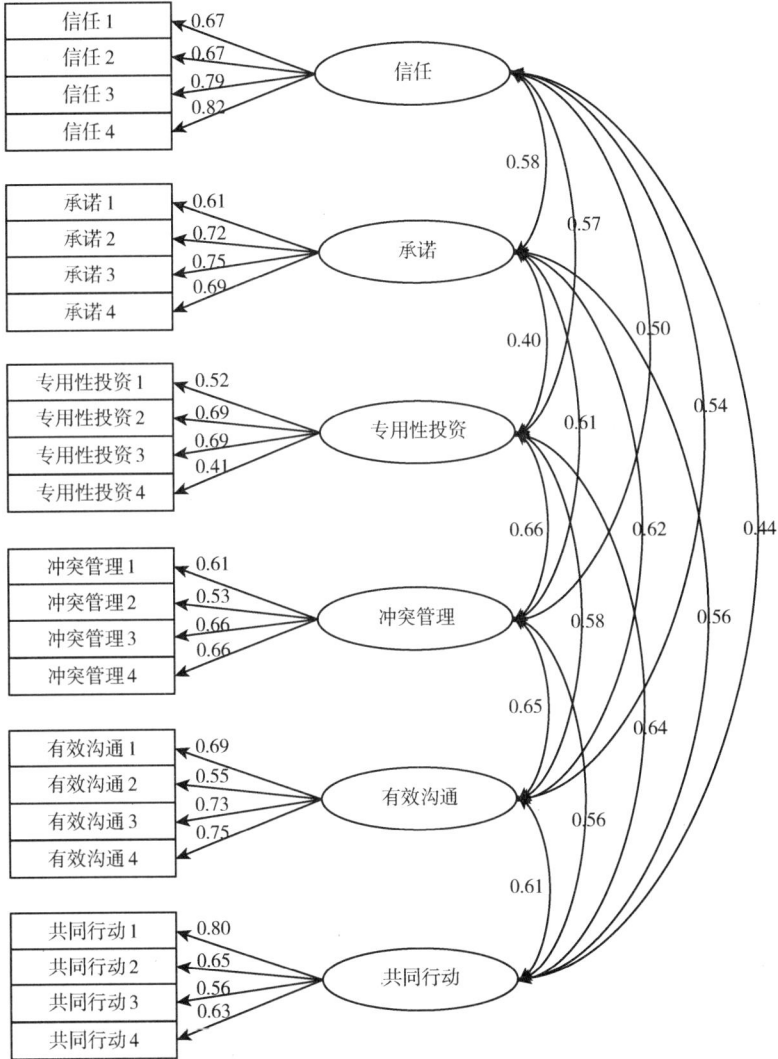

图 4.3　企业关系资本的验证性因子分析结果

资料来源：根据 Lisrel8.70 输出结果绘制。

表 4. 10　　　企业关系资本的验证性因子分析拟合结果（N = 192）

路　　径	标准化系数	P
信任 1→信任	0. 67	**
信任 2→信任	0. 67	**
信任 3→信任	0. 79	**
信任 4→信任	0. 82	**
承诺 1→承诺	0. 61	**
承诺 2→承诺	0. 72	**
承诺 3→承诺	0. 75	**
承诺 4→承诺	0. 69	**
专用性投资 1→专用性投资	0. 52	**
专用性投资 2→专用性投资	0. 69	**
专用性投资 3→专用性投资	0. 69	**
专用性投资 4→专用性投资	0. 41	*
冲突管理 1→冲突管理	0. 61	**
冲突管理 2→冲突管理	0. 53	*
冲突管理 3→冲突管理	0. 66	**
冲突管理 4→冲突管理	0. 66	**
有效沟通 1→有效沟通	0. 69	**
有效沟通 2→有效沟通	0. 55	*
有效沟通 3→有效沟通	0. 73	**
有效沟通 4→有效沟通	0. 75	**
共同行动 1→共同行动	0. 80	**
共同行动 2→共同行动	0. 65	**
共同行动 3→共同行动	0. 56	**
共同行动 4→共同行动	0. 63	**
χ^2	487. 33	RMSEA	0. 074
df	237	NNFI	0. 94
χ^2/df	2. 06	CFI	0. 96

注：＊代表显著性水平 p < 0. 05，＊＊代表显著性水平 p < 0. 01。

资料来源：根据 Lisrel8. 70 输出结果整理。

拟合结果数据显示，该测量方程模型的 χ^2 值为 487.33（自由度 df 为 237），χ^2/df 的比值为 2.06，处于 2 ~ 5 的区间范围内。同时，非范拟合指数 NNFI 和比较拟合指数 CFI 的值分别为 0.94、0.96，比较接近于 1；近似误差均方根 RMSEA 的值为 0.074，这几个指标值说明模型能够通过拟合优度检验。另外，测量方程模型各路径上的回归系数均通过显著性检验。综合以上检验结果，说明模型拟合的非常好。

上述的研究结果表明，图 4.3 所描述的因子结构得到了充分验证，即企业关系资本可以划分为信任、承诺、专用性投资、冲突管理、有效沟通和共同行动六个测量维度，并进一步描述为 24 个题项指标，如表 4.11 所示。

表 4.11 企业关系资本的测量量表

维度	量表题项表述
信任	1. 我们信赖关联企业可以很好履行其责任
	2. 我们信赖关联企业的技术专业程度
	3. 我们信赖关联企业不会泄露我们的机密
	4. 我们信赖关联企业所提供信息的准确性
承诺	1. 我们承诺与关联企业的合作遵守互惠互利的原则
	2. 我们与关联企业致力于保持长久的合作关系
	3. 我们会信守对关联企业的承诺
	4. 我们相信关联企业对我方也有同样承诺并可以信守诺言
专用性投资	1. 为维护关系，我们投入了大量的时间和精力
	2. 为维护关系，我们在土地、设备等有形资产方面进行了专门投资
	3. 为维护关系，我们在人员、技术等无形资产方面进行了专门投资
	4. 我们进行了与关联企业管理者、员工的私人关系投资
冲突管理	1. 我们与关联企业间存在解决合作冲突的方法或惯例
	2. 我们与关联企业能够监控和预防合作中的潜在冲突
	3. 当冲突发生时，我们与关联企业共同努力解决问题
	4. 当冲突发生时，双方高管都参与冲突的解决

维度	量表题项表述
有效沟通	1. 我们与关联企业间具有双向沟通机制
	2. 我们与关联企业无保留地与对方分享重要信息
	3. 我们与关联企业能够准确理解对方发出的信息
	4. 我们与关联企业能够保障所传递信息的准确性
共同行动	1. 我们与关联企业有共同的、可共享的目标
	2. 我们与关联企业能够根据目标共同制定行动规划
	3. 我们与关联企业能够进行共同决策
	4. 面对问题时，我们与关联企业能够共同求解

4.3 因变量、中介变量与调节变量的识别与测量

本书中因变量——创新绩效、中介变量——知识转移以及调节变量——企业网络能力都是难以简单评价的指标，它们充满变化的过程因素与富含多元特点的产出因素又都加大了对其进行评价与衡量的难度，因此，不同研究领域尚未达成公认一致的对创新绩效、知识转移、企业网络能力的评价方法。研究者大多根据自己的研究内容与情境相机选择具体的问项或指标对其进行测量，且大多数研究都采用问卷量表调查的方式对它们展开度量。鉴于此种现状，本书将采用问卷调查方式，即被调查者以企业本身的实际情况为依据对企业创新绩效、知识学习与转移、网络能力等各表现方面逐次进行打分判断，并以此作为各变量的评价。

本书的调查量表是在对大量国内外研究文献展开深入挖掘的基础上，提取并借鉴相关研究中各变量的成熟量表设计而成的。在整个研究设计的过程中，还多次与课题组成员、部分调查企业管理人员和该领域

内的学者对量表设计展开深入探讨，因此从某种程度来讲，已从源头上保证了调查量表及问卷设计的合理性，避免了比较严重的信度、效度问题。但为了确保研究的信度和效度水平，保证研究结果的科学性和严谨性，本书还是对因变量、中介变量、调节变量的预设量表展开了信度和效度分析与探索性和验证性因子分析。

4.3.1　因变量的量表设计与测量

4.3.1.1　因变量的量表设计

本书的因变量是企业创新绩效。学术研究中对企业创新绩效的测量与评价，多是根据自己研究内容的侧重点匹配选择相应的指标体系。国外的相关研究文献中采用单指标方式度量创新绩效的比较常见，采用频率较高的指标有企业的新产品开发数量（Yli-Renko, et al.，2001）、新产品合格提升程度（Speneer，2003）、企业对创新活动的投入（Moser，1985；Hagedoorn and Cloodt，2003）、企业申请的专利数目（Ahuja，2000；Owen Smith，2004；Salman and Saives，2005）、应用的专利数目（Hagedoom and Cloodt，2003）、开发的新产品或服务数目（Danneels，2002；Laursen and Foss，2003；Jantunen，2005）、创新活动的成功率（Ritter，1999）等。相关研究也围绕不同测量指标展开实证检验，结果显示，各个测量指标在统计视角上存在一定的重叠关系，因此在对高新技术企业的创新绩效展开测量时可以采用单指标体系，但具体选用哪个指标则要根据研究内容而定（Hagedoom and Cloodt，2003）。国内研究方面，韦影（2005）也倾向于选用单一指标衡量企业的创新绩效，在其研究中选择了新产品的销售贡献率来衡量创新绩效。刘焕鹏、严太华（2014）则选择企业的专利申请数目作为创新绩效的衡量指标。

但是单指标测量体系多适用于调查对象是能够提供大量、真实的公开资料及数据的企业。这一要求在对国内企业进行调研时，无疑会遭遇阻碍。受文化背景影响，除非有法定义务的上市公司，我国企业大多不愿意提供或公开关于企业创新的资料和数据，这也是出于自我保护的考量。而本书调查对象主要来自中小高新技术企业，几乎没有上市公司。同时，近年来也出现了大量的研究采用多指标体系测量企业创新绩效。在这种情况下采用单指标体系来测量企业创新绩效显得不太适合。因此本书采用了多题项指标体系共同测量企业的创新绩效，这也是比较契合国情、民情及本书的方式。

国外相关研究中，采用多指标体系衡量企业创新绩效的研究，主要从创新效率和创新效益两方面综合考虑。如 Cooke 和 Clifton（2002）研究认为可以采用开发新产品的数量和新产品的销售额在企业总销售额中所占的比重等指标共同衡量创新绩效，这一测量指标组合也在众多涉及企业创新绩效衡量的文献中被广泛应用。国内相关研究主要以技术创新为切入点考察创新绩效，并大多从创新效率和创新效益双重视角出发对创新绩效展开综合衡量（张方华，2004）。张方华（2004）采用新产品数目和申请的专利数目等创新效率指标与新产品销售额贡献率、新产品的开发效率及新产品的成功率等创新效益指标构成的测度体系度量技术创新绩效。也有学者跳出效率与效益，从产品创新和过程创新两个层面来测量创新的绩效，如林文宝（2001）的研究。还有学者从人员成本和财务成本出发设计量表测量企业的创新绩效，如黄家齐等（2003）。

在此研究基础上，结合本书研究内容与我国高新技术企业的实际情况，本书决定采用 Cooke 和 Clifton（2002）的测量思想，从创新效益和效率两方面来测量企业创新绩效，并在此思想指导下设计本书的测量量表。对企业创新绩效的测量选用了包含 6 个问项的 Likert－5 级量表体系，测度在各问项方面与同行业主要竞争对手相比，样本企业的创新效率、新产品或服务数、新技术应用情况、创新的市场效果、创新产品的成功率、技术与工艺情况等的表现。具体如表 4.12 所示。

表 4.12　　　　　　　　　　企业创新绩效的预设量表

变　量	题项内容	依据或来源
企业创新绩效	1. 我们总是率先推出新产品或新服务	Yli-Renko、Autio 和 Sapienz，2001 Cooke 和 Clifton，2002 Ritter 和 Gernunden，2004 Salman 和 Saives，2005 张方华，2006
	2. 我们总是率先应用新技术	
	3. 我们推出的新产品或服务数量更多	
	4. 我们的新产品开发成功率更高	
	5. 我们的产品包含一流的技术与工艺	
	6. 我们进行产品改进与创新的市场反映良好	

4.3.1.2　因变量各问项的测量与检验

（1）信度检验。根据信度检验的方法，本书将通过计算创新绩效各研究变量的题项 – 总体相关系数（CITC）和每个变量的内部一致性指数（Cronbach's α 系数），来检验并评价各研究变量量表数据的可信度。同时，观察删除每一个题项指标后该变量内部一致性指数（Cronbach's α 系数）的变化趋势，以确定是否可以通过剔除某些题项指标使整体研究量表的可信度得到提升。

首先，对创新绩效的 6 个题项做信度分析，输出结果如表 4.13 所示。由表 4.13 可以看出，6 个题项的所有题项 – 总体相关系数（CITC）都大于 0.35，同时，变量的内部一致性指数，即 Cronbach's α 系数超过了 0.7。证明数据具有高度的内部一致性。

然后，进一步观察变量的内部一致性指数，即 Cronbach's α 系数的变化趋势（Alpha if item deleted），计算结果显示，删除变量的任何一个题项指标都不能显著提高变量的内部一致性指数，甚至会引发该指数的降低。因此，上述量表及数据通过了内部一致性信度检验。

表4.13　　　　　　　　创新绩效的信度检验（N＝192）

测量题项	CITC	Alpha if item deleted	Cronbach's α
我们总是率先推出新产品或新服务	0.757	0814	
我们总是率先应用新技术	0.734	0.818	
我们推出的新产品或服务数量更多	0.747	0.817	0.845
我们的新产品开发成功率更高	0.752	0.815	
我们的产品包含一流的技术与工艺	0.692	0.827	
我们进行产品改进与创新的市场反映良好	0.681	0.828	

资料来源：根据 SPSS19.0 的输出结果整理。

（2）探索性因子分析。本节将继续借助探索性因子分析的方法来检验创新绩效六个测量题项是否属于同一类因子。在进行因子分析前，首先检验各指标间的构想效度。本书将继续选用 KMO 指标和 Bartlett 球形统计值来检验指标的构想效度，检验结果见表4.14。由表中结果可见，KMO 值为0.865，大于检测标准0.7，且 Bartlett 球形统计值显著异于0，说明该数据样本适合做进一步的因子分析（马庆国，2002）。

表4.14　　　企业创新绩效的 KMO 和 Bartlett 球形检验（N＝192）

KMO 取样适当性测试值		0.865
Bartlett 球形检验	近似卡方值	403.261
	自由度	15
	显著性水平	0.000

资料来源：根据 SPSS 统计结果整理。

然后，我们继续对本书构建的创新绩效 6 个题项指标的 192 份有效问卷数据展开探索性因子分析。因子分析中我们按照特征值大于 1 的条件来提取因子，因子的提取方法选用了主成分分析法，旋转方法为最大方差法，输出结果如表4.15所示。

通过表4.15可以看到，所有 6 个题项指标的最大因子负荷值都在0.5以上（最大值为0.823，最小值0.718），并且6个题项指标均在同一个因子中表现出超过0.5的因子负荷值，因而从因子得分来看每个问项都能很好地归属于创新绩效因子。

表 4.15　　　企业创新绩效的探索性因子分析结果（N = 192）

题　　项	均值	方差	因子 1
我们总是率先推出新产品或新服务	3.49	1.194	0.765
我们总是率先应用新技术	3.64	0.976	0.718
我们推出的新产品或服务数量更多	3.74	0.832	0.745
我们的新产品开发成功率更高	3.56	0.866	0.823
我们的产品包含一流的技术与工艺	3.67	1.112	0.749
我们进行产品改进与创新的市场反映良好	3.67	0.967	0.721

资料来源：根据 SPSS19.0 输出结果整理（抽取方法：主成分分析法，基于特征值大于 1；旋转方法：最大方差法）。

（3）验证性因子分析。探索性因子分析之后，本书又借助Lisrel8.70对创新绩效的6个观测题项进行了验证性因子分析，分析结果如图4.4所示。根据图示可以发现，现有的6个测量题项都能归属于企业创新绩效这一潜变量。

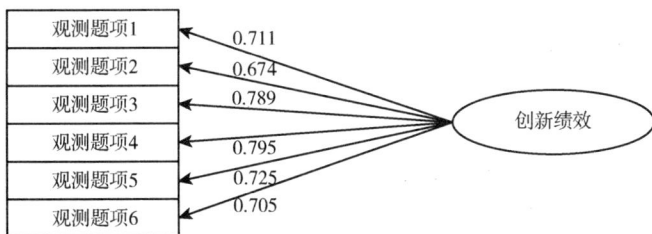

图 4.4　企业创新绩效的验证性因子分析结果

资料来源：根据 Lisrel8.70 输出结果绘制。

4.3.2　中介变量的量表设计与测量

4.3.2.1　中介变量的量表设计

本书中的中介变量是知识转移。系统梳理已有研究成果发现，知识转移的测量方式有多种。最初，学者们从理论分析的角度对知识转移的测量展开研究，并形成了大量的研究成果。如 O'Dell 等（1999）认为知识是一种特殊的产品，它可以带来收入增加、产品生产周期缩短等效果，故而可以通过这些效果来测量知识转移。这一测量方式很好地体现了知识产权管理的战略思想，即致力于通过附加的财务手段来衡量企业的知识资产与绩效表现之间的关系。由于其数据可获得性高，该测量方式也成为纵向研究中对知识转移测量的标杆。随后，Smith（2000）明确提出，显性知识转移与隐性知识转移的特征不同、测量也不同。显性知识转移可以产生有形的、可观测的成果，因而可以直接度量；但隐性知识转移无法产生有形的、可观测的成果，必须通过绩效变化间接体现。能够亲身感知绩效变化的所有人，包括管理人员、员工、第三方合作者、股东等，他们的主观评价都是衡量知识转移的重要依据。再然后，又回归到对知识转移的宏观测量，如 Ardichvili（2003）支持无论是显性知识转移还是隐性知识转移，都可以用它们带来的收益改变来测量，并提出了是否能帮助新人提高生产率、是否能提供部门或团队间交流平台、是否能提供优质的实践或经验数据三个视角来衡量知识转移效果。

近年来，仅仅对知识转移进行理论解析已不能满足日渐深入的研究需求。为了更透彻的展现知识转移对企业的作用，对知识转移进行定性测量成为发展必然趋势。相比定性的理论研究，定量研究中对知识转移的测量方式更加多样化。本书将按时间顺序对知识转移测量的经典方案进行梳理。2001 年，Yli-Renko 等在研究企业社会资本与企业关键客户的关系时采用了 4 个题项来衡量知识转移：（1）由于与客户的供给关系，我们能够获得大量的市场知识；（2）我们可以获得大量的技术知识；（3）对客户的需求趋势分析可以提供有价值的市场知识；（4）与客户建立亲密的关系有助于获得宝贵的技术知识。2003 年，Cummings 和 Teng 从技术角度对知识转移的测量进行了维度划分，共划分了 7 个维度：（1）在一定时间内转移的知识规模；（2）知识的转移是否及时；（3）知识转移是否在预算内完成；（4）是否达到知识接收者的满意；（5）知识转移是否有助于接收者发展新的知识；（6）接收者对知识的获取、吸收程度；（7）知识发送者对承诺的履行程度。2005 年，Otterson 以知识转移前后效果对比的方式检验知识转移带来的改变。具体来讲，即为以企业员工的原有工作表现为基准，设立一定的学习目标，然后衡量学习新知识后的工作表现改变程度与目标完成程度，并以此检验知识转移的成果。2006 年，Ramasamy 等在研究"关系"与知识转移时，从我方与关系企业间的知识分享、保密设防、自由讨论、直接观察、信息提供 5 个方面设计题项度量知识转移。2011 年，Maurer 等讨论了知识转移在企业社会资本对绩效影响的中介作用。对于知识转移的测量，他们认为应该从市场知识转移与技术知识转移两个方面分别展开。

　　基于以上述研究，同时结合本书的研究内容，本书学习借鉴了众学者对知识转移的测量量表（Yli-Renko，et al.，2001；Cummings and Teng，2003；Ramasamy，et al.，2006；Maurer，et al.，2011），并根据实践调研情况进行适当修正，设计本书的量表体系。从企业通过与关联企业的合作关系中获得的市场、管理技能、产品设计、制造工艺等角度共 4 个题项来测度企业的知识转移。具体量表如表 4.16 所示。

表 4.16　　　　　　　　　　知识转移的预设量表

变　量	题项内容	依据或来源
知识转移	1. 因为和关联企业的合作关系，我们得到大量的市场知识	Yli-Renko，Autio 和 Sapienz，2001 Ramasamy 等，2006 Maurer 等，2011
	2. 因为和关联企业的合作关系，我们得到大量的管理技能知识	
	3. 因为和关联企业的合作关系，我们得到大量的产品设计知识	
	4. 因为和关联企业的合作关系，我们得到大量新的制造工艺	

4.3.2.2　中介变量各问项的测量与检验

（1）信度检验。与创新绩效的信度检验方法类似，首先，对知识转移的 4 个题项做信度分析，输出结果如表 4.17 所示。由表 4.17 可以看出，4 个题项的 CITC 系数都大于 0.35，同时，变量的内部一致性指数，即 Cronbach's α 系数都超过了 0.7。证明数据适合进行下一步操作。

进一步观察 4 个题项的内部一致性指数，即 Cronbach's α 系数的变化趋势（Alpha if item deleted），计算结果显示，删除任何一个题项指标都会引发该变量的内部一致性指数的降低。因此，上述量表及数据通过了内部一致性信度检验。

表 4.17　　　　　　　样本企业知识转移的信度检验（N = 192）

测量题项	CITC	Alpha if item deleted	Cronbach's α
因为和关联企业的合作，我们得到大量的市场知识	0.610	0.820	
因为和关联企业的合作，我们得到大量的管理技能知识	0.635	0.810	
因为和关联企业的合作，我们得到大量的产品设计知识	0.741	0.762	0.838
因为和关联企业的合作，我们得到大量新的制造工艺	0.697	0.783	

资料来源：根据 SPSS19.0 的输出结果整理。

（2）探索性因子分析。本书将继续借助探索性因子分析的方法来检验知识转移 4 个测量题项是否属于同一类因子。在进行因子分析前，首先检验各指标间的构想效度。本书将继续选用 KMO 指标和 Bartlett 球形统计值来检验指标的构想效度，检验结果见表 4.18。由表中结果可见，KMO 值为 0.857，大于检测标准 0.7，且 Bartlett 球形统计值显著异于 0，说明该数据样本适合做进一步的因子分析（马庆国，2002）。

表 4.18   企业知识转移的 KMO 和 Bartlett 球形检验 （N = 192）

KMO 取样适当性测试值		0.857
Bartlett 球形检验	近似卡方值	418.517
	自由度	6
	显著性水平	0.000

资料来源：根据 SPSS 统计结果整理。

继续对知识转移的 4 个题项指标展开探索性因子分析，输出结果如表 4.19 所示。

表 4.19   知识转移的探索性因子分析结果（N = 192）

题　项	均值	方差	因子1
因为和关联企业的合作，我们得到大量的市场知识	3.80	0.903	0.729
因为和关联企业的合作，我们得到大量的管理技能知识	3.67	0.944	0.691
因为和关联企业的合作，我们得到大量的产品设计知识	3.63	1.105	0.730
因为和关联企业的合作，我们得到大量新的制造工艺	3.54	1.098	0.717

资料来源：根据 SPSS19.0 输出结果整理（抽取方法：主成分分析法，基于特征值大于 1；旋转方法：最大方差法）。

通过表 4.19 可以看到，4 个题项指标的因子负荷值最大值为 0.730，最小值为 0.691，都在 0.5 以上，能够较好地归纳为一个因子。

（3）验证性因子分析。探索性因子分析之后，本书继续借助 Lisrel8.70 对知识转移的 4 个观测题项进行了验证性因子分析，分析结果如图 4.5 所示。根据图示可以发现，现有的 4 个测量题项都能归属于知识转移这一潜变量。

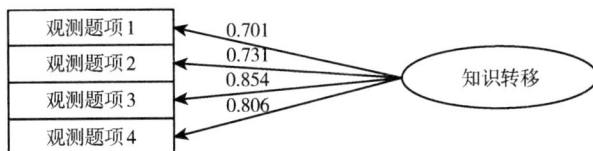

图 4.5   知识转移的验证性因子分析结果

资料来源：根据 Lisrel8.70 输出结果绘制。

4.3.3 调节变量的量表设计与测量

4.3.3.1 调节变量的量表设计

本书的调节变量是企业网络能力。本书第 2 章中已经对企业网络能力的构成和维度的相关研究进行了文献梳理，分别介绍了 Ritter 等（1999，2002，2003）、Moller 和 Halinen（1999）、徐金发等（2001）、Hagedoorn 等（2006）等学者建立的企业网络能力分析框架。由这些分析框架可以看出，目前对于企业网络能力的分类与测度尚未形成统一的意见。

国外对企业网络能力的度量的标志性成果主要来自三组研究。一是 Ritter（1999）开发的包含四个方面共 22 个题项的网络能力测度量表。该组研究中将企业网络能力划分为四个方面分别度量，即专用性关系（relationship-specific）任务、跨关系（cross-relationship）任务、专业资格（special qualifications）和社交资格（social qualifications）。其中，专用性关系任务采用了 5 个题项指标，从专用性关系的发起、交流和协调三个角度进行测度；跨关系任务的执行方面共采用了 6 个题项指标，分别从任务的计划阶段、组织阶段、人员配置阶段、控制阶段展开测量；专业资格方面主要是从企业对相关领域内专业技术的掌握和熟练操作程度来测量，包含 4 个题项；社交资格方面则主要从企业与其他企业或组织进行社会交往的水平和能力来测度，包括 7 个题项。二是 Moller 和 Halinen（1999）对企业网络能力的分类及测度。该组研究首先将网络的管理划分为四个层次，并逐一定义了各个层次的网络能力，分别为网络的规划能力、网络的管理能力、组合管理的能力和关系管理的能力。他们认为这四种能力是相互联系的，重要程度也不分伯仲。与 Ritter 等人研究的不同之处是，该组研究特地将企业在创新网络中的占位能力单独列出，着重强调了企业在网络中占领并保持其位置的重要性，因为企业在其所处网络之中的位置标志着企业能够获得和调用网络中其他企业资源的能力，这是一种与其他类型网络能力完全不同的独特能力。但是该组研究由于没有进行实证分析，所以仅仅提出了测度思想，并没有切实提出测度量表，当然这并不阻碍该测度思想对网络能力实证测度的重要参考价值。三是 Hagedoorn 等（2006）对网络能力的分类与度量。该组研究以社会网络理论为理论基础，着重强调了企业网络位置对企业网络行为的影响，在此背景下，将企业网络能力分为中心性网络能力和效率性网络能力两种并分别度量。前者是基于企业占据网络中心地位的能力，后者是基于精炼网络联结、剔除冗余、提高网络效率的能力。该研究对网络能力的划分比较片面，而且对网络能力的测度也较难实施，一般较少有研究采用该种测度方式对企业网络能力展开度量。

国内对企业网络能力的关注和研究的起步较晚，但成果颇丰，尤其是近年来多有学者在企业社会资本、企业创新、供应链等不同领域的研究中注入企业网络能力的作用因素，并在相关实证研究中形成了若干对企业网络能力的测度方法与量表。如方刚（2008）的研究中，在借鉴 Moller 和 Halinen（1999）思想的基础上，将网络能力划分为网络规划能力、配置能力、运作能力和占位能力 4 个维度，并开发设计了包含 24 个题项指标的网络能力测度量表。孙颖心（2009）同样将网络能力分为 4 个维度：网络规划、关系管理、资源识别与获得、资格管理，分别设计采用了 4~5 个题项对每个维度的企业网络能力展开度量，开发了关于企业网络能力的 18 题项测量量表。赵爽（2009）的研究中也借鉴参考了 Moller 和 Halinen（1999）的企业网络能力分析框架，并在其基础上加入了中国背景的情境改良。她将企业网络能力分成网络战略、网络运营和网络关系能力 3 种类型，设计开发了共包含 20 个题项的测量量表体系。任胜钢（2010）参考借鉴了 David 和 Anderson（2004）与 Bonner 等（2005）的研究，也将企业网络能力分为 4 个维度，分别为网络愿景能力、关系管理能力、网络建构能力和关系组合能力，其测量量表共设置了 12 个题项指标。马鸿佳等（2010）利用我国高新科技企业的数据开发设计了网络能力的测度量表，其中包括网络愿景能力测度的 5 个题项、关系管理能力测度的 4 个题项和内部交流能力测度的 4 个题项，整个量表共有 13 个测量题项。朱秀梅等人（2010）以中国转型经济为背景，研究中将网络能力划分为网络导向、网络构建和网络管理 3 个维度，设计了共有 32 个测量题项的企业网络能力大量表。

本书在对国内外关于企业网络能力测度量表的学习、梳理基础上，结合自身的研究内容和数据调查方面的考量，比较认同 Moller 和 Halinen（1999）与任胜刚（2010）关于企业网络能力的度量方式，将企业网络能力分为网络愿景、网络构建、关系优化和网络占位 4 个维度，每个维度用一个典型问项做测量依据，形成本书关于企业网络能力的测度量表（见表 4.20）。

表 4.20 **企业网络能力的预设量表**

变量	题项内容	依据或来源
企业网络能力	1. 我们具有很强的预测网络发展和演化方向的能力	Moller 和 Halinen，1999 Ritter 和 Gernunden，2003 任胜刚，2010
	2. 我们具有很强的发现、评估和选择合作伙伴的能力	
	3. 我们有很强的与合作伙伴间维持良好、稳定关系的能力	
	4. 我们具备很强的占据合作关系网络中心位置的能力	

4.3.3.2 调节变量各问项的测量与检验

（1）信度检验。首先，对企业网络能力的 4 个题项做信度分析，输出结果如表 4.21 所示。由表 4.21 可以看出，4 个题项的 CITC 系数都大于 0.35，且变量的内部一致性指数，即 Cronbach's α 系数为 0.905，超过了 0.7。然后，观察变量的内部一致性指数变化趋势（Alpha if item deleted），计算结果显示，删除任何一个题项指标都会引发该指数的降低。因此，上述量表及数据通过了内部一致性信度检验。

表 4. 21　　　　　　企业网络能力的信度检验（N = 192）

题　　项	CITC	Alpha if item deleted	Cronbach's α
我们具有很强的预测网络发展和演化方向的能力	0.786	0.874	0.905
我们具有很强的发现、评估和选择合作伙伴的能力	0.843	0.792	
我们有很强的与合作伙伴间维持良好、稳定关系的能力	0.792	0.869	
我们具备很强的占据合作关系网络中心位置的能力	0.767	0.880	

资料来源：根据 SPSS19.0 的输出结果整理。

（2）探索性因子分析。在进行因子分析前，首先检验各指标间的相关性。本书将继续选用 KMO 指标和 Bartlett 球形统计值来检验指标的构想效度，检验结果见表 4.22。由表中结果可见，KMO 值为 0.795，大于检测标准 0.7，且 Bartlett 球形统计值显著异于 0，说明该数据样本适合做进一步的因子分析（马庆国，2002）。

表 4.22　　企业网络能力的 KMO 和 Bartlett 球形检验（N = 192）

KMO 取样适当性测试值		0.795
Bartlett 球形检验	近似卡方值	353.313
	自由度	6
	显著性水平	0.000

资料来源：根据 SPSS 统计结果整理。

然后，继续展开探索性因子分析，输出结果如表 4.23 所示。

表 4.23　　　企业网络能力的探索性因子分析结果（N = 192）

题　　项	均值	方差	因子 1
我们具有很强的预测网络发展和演化方向的能力	3.57	0.969	0.741
我们具有很强的发现、评估和选择合作伙伴的能力	3.67	0.925	0.813

续表

题　项	均值	方差	因子1
我们有很强的与合作伙伴间维持良好、稳定关系的能力	4.00	0.764	0.852
我们具备很强的占据合作关系网络中心位置的能力	3.56	0.834	0.694

资料来源：根据 SPSS19.0 输出结果整理（抽取方法：主成分分析法，基于特征值大于1；旋转方法：最大方差法）。

通过表4.23可以看到，4个题项指标的最大因子负荷值都在0.5以上（最大值为0.852，最小值为0.694），且归属于同一个因子。因此通过了效度检验，可以进行进一步分析。

（3）验证性因子分析。探索性因子分析之后，本书继续借助 Lisrel8.70 对企业网络能力的4个观测题项进行了验证性因子分析，分析结果如图4.6所示。根据图示可以发现，现有的4个测量题项都能归属于企业网络能力这一潜变量。

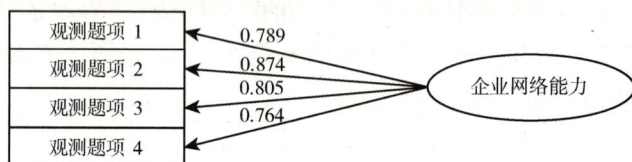

图4.6　企业网络能力的验证性因子分析结果

资料来源：根据 Lisrel8.70 输出结果绘制。

基于以上研究结论，本书所涉及的4个变量——企业关系资本、知识转移、企业网络能力与企业创新绩效均具有较高的信度，效度检验的结果也同样是令人满意的。因此，本书将利用该调查量表调研的数据进行主效应模型及调节效应模型的回归分析和假设检验。

4.3.4　控制变量的量表设计

控制变量是指除自变量之外，一切可以影响因变量发生变化的变量，涉及本书中，控制变量指的是除企业关系资本与知识转移之外可能对企业的创新绩效产生影响的变量。在企业实践中，企业创新绩效往往要受到企业内外多种因素的综合影响，因此，在研究某特定因素（企业关系资本）对企业创新绩效的影响时，为了尽可能真实地反映企业创新绩效的变化，需要对一些相关因素进行控制，即加入一定的控制变量，以便更为精准的得到该特定的因素（企业关系资本）对企业创新绩效的影响程度。本书主要着眼于企业关系资本对企业创新绩效的影响，更多的是从企业关系资本的六个维度出发寻求对企业创新产生的影响以及影响的程度。然而，这些因素只是影响企业创新内容的部分解释因素，还有一些企业自身的因素，如企业所处的行业、企业的所有制性质、企业的规模、企业的年龄等（Murphy and Trailer, 1996），也会影响企业的创新，必须加以考虑。这些因素也是管理学研究中比较常见的控制变量。

企业所属的行业不同，预示着其本身对创新的需求和追求程度不同，如高新技术行业和传统行业对创新的需求程度必然不同，一般而言，高新技术行业对知识更新和企业创新的要求较高，而传统行业技术比较成熟，对创新的需求则不太强烈。即便都属于高新技术行业，不同的细分行业类型对创新的需求也不尽相同。4.1.2 节中已经介绍了本书中研究对象的行业来源，即电子信息、通信、软件、生物医药、新能源、石化 6 类，在实证设计中本书分别设置 6 个虚拟变量 Dtrade1、Dtrade2、Dtrade3、Dtrade4、Dtrade5 和 Dtrade6 来度量。当 Dtrade1 = 1 时，企业为电子信息行业，否则为 0；企业为通信行业时，Dtrade2 = 1，否则为 0；企业为软件行业时，Dtrade3 = 1，否则为 0；企业为生物医药行业时，Dtrade4 = 1，否则为 0；企业为新能源行业时，Dtrade5 = 1，否则为 0；企业为石化行业时，Dtrade6 = 1，否则为 0。

企业的所有制性质不同，意味着所拥有和能掌控的外部资源会有很大的差异。一般来讲，国有及国有控股企业能够享受的来自国家各方面的支持比较多，拥有的资源相对较为广泛。集体所有企业与之相比资源持有量要少很多。民营及民营控股企业在融资、技术引进等方面的资源则更要差一些。而外商独资企业和中外合资企业的资源类型和资源量又与国内企业有所不同。因此，本书把企业性质分成国有及国有控股、集体所有、民营及民营控股、外商独资、中外合资 5 类来进行分析，分别设置虚拟变量 Dtypel、Dtype2、Dtype3、Dtype4 和 Dtype5 来度量，当企业为国有及国有控股企业时，Dtypel = 1，否则为 0；Dtype2 = 1 时，企业为集体所有企业，否则为 0；Dtype3 = 1 时，企业为民营及民营控股企业，否则为 0；Dtype4 = 1 时，企业为外商独资企业，否则为 0；Dtype5 = 1 时，企业为中外合资企业，否则为 0。

众多研究表明，企业规模是影响企业组织活动（包括企业的运营活动、战略决策等）的重要因素之一（Nadler and Tushman，1988）。Lee（2001）的研究认为企业规模对企业的组织创新和管理创新有着非常重要的影响，其与企业的绩效也有很高的相关关系。一般来讲，规模较大的企业往往拥有更多的内部和外部资源来提高其创新能力和创新绩效，他们通常比规模较小的企业更有议价能力，同时也有更大的优势来获得外部关系企业对他们的创新活动给予支持。现有研究中，企业规模的衡量方法大体有两种：一是用企业在岗员工的总规模；二是根据特定标准采用虚拟变量的形式把企业分为大型、中型、小型三种。本书采取了第一种度量方法，按照企业在岗员工的人数将企业规模划分为 6 个等级，分别用 Dsizel、Dsize2、Dsize3、Dsize4、Dsize5 和 Dsize6 来度量，当企业规模为 50 人及以下时，Dsizel = 1，否则为 0；Dsize2 = 1 时，企业规模为 51 ~ 100 人，否则为 0；Dsize3 = 1 时，企业规模为 101 ~ 200 人，否则为 0；Dsize4 = 1 时，企业规模为 201 ~ 500 人，否则为 0；Dsize5 = 1 时，企业规模为 501 ~ 1000 人，否则为 0；Dsize6 = 1 时，企业规模为 1000 人以上，否则为 0。

同样，企业的年龄也会对企业的创新绩效形成显著影响。一般情况下，随着企业成立时间的延伸，其逐渐累积适合于自身的各种知识、资源和能力，本书以企业从成立时开始至 2013 年的时间跨度来度量，将企业年龄划分为 4 个等级，分别用 Dage1、Dage2、Dage3 和 Dage4 来表示。当 Dage1 = 1 时，企业年龄为 5 年及以下，否则为 0；企业年龄为 6 ~ 10 年时，Dage2 = 1，否则为 0；企业年龄为 11 ~ 15 年时，Dage3 = 1，否则为 0；企业年龄为 16 年及以上时，Dage4 = 1，否则为 0。

表 4.24 为企业行业、企业性质、企业规模、企业年龄四个控制变量的测度量表。

表 4.24 **控制变量的测度量表**

控制变量类型	变量名	说　明
所属行业	Dtrade1	Dtrade1 = 1 时，企业为电子信息行业，否则为 0
	Dtrade2	Dtrade2 = 1 时，企业为通信行业，否则为 0
	Dtrade3	Dtrade3 = 1 时，企业为软件行业，否则为 0
	Dtrade4	Dtrade4 = 1 时，企业为生物医药行业，否则为 0
	Dtrade5	Dtrade5 = 1 时，企业为新能源行业，否则为 0
	Dtrade6	Dtrade6 = 1 时，企业为石化行业，否则为 0
所有制质	Dtype1	Dtype1 = 1 时，企业为国有及国有控股企业，否则为 0
	Dtype2	Dtype2 = 1 时，企业为集体所有企业，否则为 0
	Dtype3	Dtype3 = 1 时，企业为民营及民营控股企业，否则为 0
	Dtype4	Dtype4 = 1 时，企业为外商独资企业，否则为 0
	Dtype5	Dtype5 = 1 时，企业为中外合资企业，否则为 0
企业规模（在岗员工人数）	Dsize1	Dsize1 = 1 时，企业员工规模为 50 人及以下，否则为 0
	Dsize2	Dsize2 = 1 时，企业员工规模为 51 ~ 100 人，否则为 0
	Dsize3	Dsize3 = 1 时，企业员工规模为 101 ~ 200 人，否则为 0
	Dsize4	Dsize4 = 1 时，企业员工规模为 201 ~ 500 人，否则为 0
	Dsize5	Dsize5 = 1 时，企业员工规模为 501 ~ 1000 人，否则为 0
	Dsize6	Dsize6 = 1 时，企业员工规模为 1000 人以上，否则为 0
企业年龄	Dage1	Dage1 = 1 时，企业年龄为 5 年及以下，否则为 0
	Dage2	Dage2 = 1 时，企业年龄为 6 ~ 10 年，否则为 0
	Dage3	Dage3 = 1 时，企业年龄为 11 ~ 15 年，否则为 0
	Dage4	Dage4 = 1 时，企业年龄为 16 年及以上，否则为 0

4.4 本章小结

鉴于企业关系资本、知识转移、网络能力等构念本身度量的模糊性，本书在进行研究设计时尽量选择较为成熟的量表来测量本书的核心构念（见图4.7）。对于企业关系资本，本书依托于 Kale 等（2000），Cullen、Johnson 和 Sakano（2000），Wu 和 Cavusgil（2006）的相关研究设计，选取了较为成熟的典型问项开发初始量表设计调查问卷。在知识转移上，本书选取了 Yli-Renko 等（2001）、Ramasamy 等（2006）和 Maurer 等（2011）的相关研究进行量表设计。在企业网络能力上，选取了 Moller 和 Halinen（1999）的网络能力分类，同时借用 Ritter 和 Gernunden（2003）、任胜刚（2010）等典型问项进行数据收集。在创新绩效上，借用了 Yli-Renko 等（2001）、Ritter 和 Gernunden（2003）、Salman 和 Saives（2005）以及张方华（2006）对从产品创新和过程创新两方面测量创新绩效的量表进行数据收集。

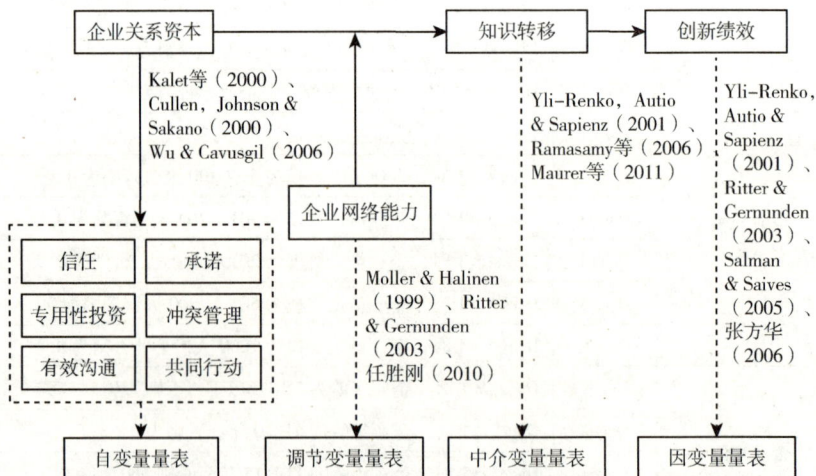

图4.7 本书量表设计依据

第5章 企业关系资本对创新绩效影响机制的实证分析

本章将运用描述性统计分析、信度分析、效度分析、因子分析及结构方程模型等数据处理方法对第 4 章数据调研所回收的数据进行处理和分析，从而对第 3 章提出的若干研究假设进行实证检验。基于统计学的基本原理，本章内容可分为两个部分：首先对调研样本的基本特征进行简要的描述性统计分析；然后对样本数据进行数理统计分析，主要包括信度及效度检验和结构方程建模，对本书提出的理论假设进行检验验证，并在数理分析的基础上进行实证结果的阐述和解析。

5.1 样本企业的特征差异性分析

本书使用的问卷与第 4 章中各研究变量识别与测量中所使用的是同一张问卷，经四种途径广泛调研，共回收有效问卷 192 份，符合用结构方程方法建模的样本容量至少应在 100 ~ 200 之间的样本要求。

研究对象的特征差异性分析主要包括被调查企业所属的行业类型、所有制性质、年龄、拥有的员工规模、所在地区、受访者在企业的任职职位、受访者在企业的工作时间，以及本书核心研究变量各测量题项的最大值、最小值、均值、方差等统计特征。通过对这些指标的频次及百分比进行简要描述达到了解样本数据的分布情况的目的。同时，借助数据的平均值和标准差来描述各研究构念的离散程度，用以初步挖掘样本数据的内在规律，以了解样本企业在本书各调研构面的一般知觉。从而有助于我们初步了解被调研企业的相关现状信息与受访者个人的基本特征，对调查样本的结构有一个总体的把握和了解。

5.1.1 被调查者所在企业的所属行业

本书获得的有效问卷192份中，所属行业分布为：电子信息行业31份，占总样本的16.15%；通信行业37份，占总样本的19.27%；软件行业67份，达到总样本的34.90%；生物医药行业共24份，占样本的12.50%；新能源类4家企业，占总样本的2.08%，在本次调研中所占比例最小；石化类总计29份，占总样本的15.10%。详细分布情况如表5.1所示。

表5.1　　　　　　　被调查企业所属行业情况（N = 192）

行　业	样本数	占总样本百分比（%）	累计百分比（%）
电子信息	31	16.15	16.15
通信	37	19.27	35.42
软件	67	34.90	70.31
生物医药	24	12.50	82.81
新能源	4	2.08	84.90
石化	29	15.10	100.00
合计	192	100.00	—

5.1.2 被调查者所在企业的所有制性质

将样本企业按照所有制性质进行分类，如表5.2所示。其中，国有及国有控股企业 32 家，占总样本的 16.67%；集体所有企业 28 家，占总样本的 14.58；民营及民营控股企业 71 家，占总样本的 36.98%；外商独资企业 12 家，占总样本的 6.25%；中外合资企业 49 家，占总样本的 25.52%。

表 5.2 　　　　　　　　被调查企业的所有制情况（N = 192）

所有制	样本数	占总样本百分比（%）	累计百分比（%）
国有及国有控股	32	16.67	16.67
集体所有	28	14.58	31.25
民营及民营控股	71	36.98	68.23
外商独资	12	6.25	74.48
中外合资	49	25.52	100.00
合计	192	100.00	——

5.1.3 被调查者所在企业的年龄

从企业的成立年龄来看，不超过 5 年的企业有 64 家，占总样本的 33.33%；成立时间在 6～10 年之间的有 49 家，占总样本的 25.52%；11～15 年的有 43 家，占总样本的 22.40%；成立时间在 16 年及以上的企业有 36 家，占总样本的 18.75%。详见表 5.3。

表 5.3 　　　　　　　　被调查企业年龄统计（N = 192）

年　　限	样本数	占总样本百分比（%）	累计百分比（%）
5 年及以下	64	33.33	33.33
6～10 年	49	25.52	58.85
11～15 年	43	22.40	81.25
16 年及以上	36	18.75	100.00
合计	192	100.00	——

5.1.4 被调查者所在企业的员工规模

从企业的人员数量划分，人数在 50 人及以下的企业有 18 家，占总样本的 9.38%；人数在 51～100 人的企业有 37 家，占总样本的 19.27%；人数在 101～200 人的企业有 48 家，占总样本的 25%；人数为 201～500 人之间的企业有 51 家，占总样本的 26.56%；501～1000 人之间共有企业 27 家，占总样本的 14.06%；人数在 1000 人以上的有 11 家企业，占总样本的 5.73%。详见表 5.4。

表 5.4　　　　　　被调查企业的员工规模统计（N = 192）

人　　数	样本数	占总样本百分比（%）	累计百分比（%）
50 人及以下	18	9.38	9.38
51～100 人	37	19.27	28.65
101～200 人	48	25.00	53.65
201～500 人	51	26.56	80.21
501～1000 人	27	14.06	94.27
1000 人以上	11	5.73	100.00
合计	192	100.00	—

5.1.5 被调查者所在企业的所在地区

按企业的所在地区进行分类，如表 5.5 所示。其中，天津地区的企业有 104 家，占总样本的 54.17%；北京地区有 32 家，占总样本的 16.67%；河北地区有 39 家，占总样本的 20.31%；上海地区 12 家，占总样本的 6.25%；广东地区 5 家，占总样本的 2.60%。

表 5.5　　　　　　　　被调查企业所在地区统计（N = 192）

地　　区	样本数	占总样本百分比（%）	累计百分比（%）
天津	104	54.17	54.17
北京	32	16.67	70.83
河北	39	20.31	91.15
上海	12	6.25	97.40
广东	5	2.60	100.00
合计	192	100.00	—

5.1.6　被调查者在企业的任职

按照被调查者在企业的任职职位高低对调查样本进行分类，如表 5.6 所示。从表中可以读出，调查对象是企业高层管理人员的有 25 份有效问卷，占总样本的 13.02%；被调查者从事的是企业中层管理职位的有 72 人，占总样本的 37.50%；调查对象是企业基层管理人员的有 61 份，占总样本的 31.77%；调查对象为一般职员的有 34 份，占总样本的 17.71%。

表 5.6　　　　　　　被调查者任职职位情况统计（N = 192）

职　　位	样本数	占总样本百分比（%）	累计百分比（%）
高层管理人员	25	13.02	13.02
中层管理人员	72	37.50	50.52
基层管理人员	61	31.77	82.29
一般职员	34	17.71	100.00
合计	192	100.00	—

5.1.7　被调查者在企业的工作时间

从被调查者在现任企业的连续工作时间来看，在企业工作不超过 3

年的有 51 人，占总样本的 26.56%；工作时间在 3～5 年之间的有 47 人，占总样本的 24.48%；工作时间在 6～10 年的有 58 人，占总样本的 30.21%；工作时间在 10 年以上的有 36 人，占总样本的 18.75%。详见表 5.7。

表5.7　　　　　　　　被调查者工作时间统计（N＝192）

年　限	样本数	占总样本百分比（%）	累计百分比（%）
3 年以下	51	26.56	26.56
3～5 年	47	24.48	51.04
6～10 年	58	30.21	81.25
10 年以上	36	18.75	100.00
合计	192	100.00	—

5.1.8　核心研究变量的测度题项描述统计

（1）创新绩效。创新绩效变量的题项统计分析如表5.8所示。

表5.8　　　　　　创新绩效变量题项条目描述统计（N＝192）

变量题项条目	样本量	最小值	最大值	均值	方差
我们总是率先推出新产品或新服务	192	1	5	3.49	1.194
我们总是率先应用新技术	192	1	5	3.64	0.976
我们推出的新产品或服务数量更多	192	1	5	3.74	0.832
我们的新产品开发成功率更高	192	1	5	3.56	0.866
我们的产品包含一流的技术与工艺	192	1	5	3.67	1.112
我们进行产品改进与创新的市场反映良好	192	1	5	3.67	0.967

（2）企业关系资本。企业关系资本变量的题项统计分析如表5.9所示。

表5.9 **企业关系资本变量题项条目描述统计（N＝192）**

变量题项条目（简写）	样本量	最小值	最大值	均值	方差
信任：我们信赖关联企业可以很好履行其责任	192	1	5	3.70	0.914
信任：我们信赖关联企业的技术专业程度	192	1	5	3.76	0.825
信任：我们信赖关联企业不会泄露我们的机密	192	1	5	3.71	1.116
信任：我们信赖关联企业所提供信息的准确性	192	1	5	3.82	0.890
承诺：我们承诺与关联企业的合作遵守互惠互利的原则	192	1	5	4.08	0.889
承诺：我们与关联企业致力于保持长久的合作关系	192	1	5	3.94	0.897
承诺：我们会信守对关联企业的承诺	192	1	5	4.07	0.964
承诺：相信关联企业对我方也有同样承诺并可以信守	192	1	5	3.76	0.895
专用性投资：为维护关系，投入了大量的时间和精力	192	1	5	3.90	0.938
专用性投资：为维护关系，在有形资产方面有专门投资	192	1	5	3.50	1.351
专用性投资：为维护关系，在无形资产方面有专门投资	192	1	5	3.67	1.122
专用性投资：有与关联企业员工的私人关系投资	192	1	5	3.70	1.071
冲突管理：与关联企业间存在解决冲突的方法或惯例	192	1	5	3.71	0.993
冲突管理：与关联企业能够预防合作中的潜在冲突	192	1	5	3.50	0.869
冲突管理：冲突发生时，与关联企业共同努力解决问题	192	1	5	3.79	1.027
冲突管理：冲突发生时，双方高管都参与冲突的解决	192	1	5	3.72	1.122
有效沟通：我们与关联企业间具有双向沟通机制	192	1	5	4.01	0.796

续表

变量题项条目（简写）	样本量	最小值	最大值	均值	方差
有效沟通：与关联企业无保留地与对方分享重要信息	192	1	5	3.50	1.120
有效沟通：与关联企业能够准确理解对方发出的信息	192	1	5	3.84	0.782
有效沟通：与关联企业能够保障所传递信息的准确性	192	1	5	3.73	0.730
共同行动：与关联企业有共同的、可共享的目标	192	1	5	3.76	0.877
共同行动：与关联企业能够根据目标共同制定行动规划	192	1	5	3.65	1.057
共同行动：我们与关联企业能够进行共同决策	192	1	5	3.66	0.801
共同行动：面对问题时，与关联企业能够共同求解	192	1	5	3.73	0.890

（3）知识转移。知识转移变量的题项统计分析如表 5.10 所示。

表 5.10　　　　知识转移变量题项条目描述统计（N = 192）

变量题项条目	样本量	最小值	最大值	均值	方差
因为和关联企业的合作关系，我们得到大量的市场知识	192	1	5	3.80	0.903
因为和关联企业的合作关系，我们得到大量的管理技能知识	192	2	5	3.67	0.944
因为和关联企业的合作关系，我们得到大量的产品设计知识	192	1	5	3.63	1.105
因为和关联企业的合作关系，我们得到大量新的制造工艺	192	1	5	3.54	1.098

（4）企业网络能力。企业网络能力变量的题项统计分析如表5.11所示。

表5.11　　　　企业网络能力变量题项条目描述统计（N＝192）

变量题项条目	样本量	最小值	最大值	均值	方差
我们具有很强的预测网络发展和演化方向的能力	192	1	5	3.57	0.969
我们具有很强的发现、评估和选择合作伙伴的能力	192	1	5	3.67	0.925
我们有很强的与合作伙伴间维持良好、稳定关系的能力	192	1	5	4.00	0.764
我们具备很强的占据合作关系网络中心位置的能力	192	1	5	3.56	0.834

5.2　企业关系资本影响创新绩效的路径检验

根据前文对结构方程模型的介绍，主要有模型构建、模型拟合、模型评价和模型修正四个分析步骤（侯杰泰，温忠麟，成子娟，2004）。按照这些步骤，本节首先对第3章提出的企业关系资本、知识转移与创新绩效研究假设进行初步拟合和评价，然后根据修正指数查看是否需要对模型进行调整和修正，最后对假设检验的结果展开分析。

5.2.1　初始结构模型拟合

根据第3章研究假设构建的理论框架，借助Lisrel8.70分析软件运用结构方程模型方法对初始模型进行回归拟合，拟合结果如表5.12所示。表中数字代表了各回归路径的标准化系数。

表 5.12　　　　　　　　**企业关系资本、知识转移对创新绩效**

影响的拟合结果（N = 192）

路　径	完全标准化系数	T 值
信任→创新绩效	0.21	2.19 *
承诺→创新绩效	0.42	3.27 ***
专用性投资→创新绩效	0.07	1.65 *
冲突管理→创新绩效	0.16	1.79 *
有效沟通→创新绩效	0.24	2.95 **
共同行动→创新绩效	0.13	2.33 *
信任→知识转移	0.17	1.77 *
承诺→知识转移	0.18	1.73 *
专用性投资→知识转移	0.35	2.85 **
冲突管理→知识转移	0.34	1.50
有效沟通→知识转移	0.36	3.38 ***
共同行动→知识转移	0.12	1.36
知识转移→创新绩效	0.45	2.44 **
χ^2	2049.18	RMSEA	0.013
Df	499	NNFI	0.917
χ^2/df	4.107	CFI	0.964

注：*** 代表 $p < 0.001$，** 代表 $p < 0.01$，* 代表 $p < 0.05$。

5.2.2　模型评价

表 5.12 列示了对初始理论模型的各路径系数拟合结果。

从表 5.12 可以看出，企业关系资本对知识转移、创新绩效影响机制的结构方程模型的卡方值为 2049.18（自由度 df = 499），χ^2/df 的值为 4.11，处于 2 ~ 5 的范围内；近似误差均方根 RMSEA 的值为 0.013，小于 0.1；非范拟合指数 NNFI 的值为 0.917，比较拟合指数 CFI 的值为 0.964，均大于 0.9。对比前文 4.1.1 节中提到的结构方程模型评价指标指数，各个评价指标均在可接受的范围内。

路径"冲突管理→知识转移"和"共同行动→知识转移"回归系数

未通过显著性 $p < 0.05$ 的检验，即在 $p < 0.05$ 的水平上不具备统计显著性；其余路径则分别在 $p < 0.05$、$p < 0.01$ 和 $p < 0.001$ 的水平上表现了显著性。

以上拟合结果表明，企业关系资本、知识转移与创新绩效的结构方程模型从各评价指标来看，拟合的效果比较优异，但是仍存在路径不显著的情况，接下来需要继续查看模型的修正指数，以进一步判断是否可以通过适当调整和修正来使模型得到进一步优化，获得更满意的拟合结果。

5.2.3　模型确定

初始模型需要修正的原因可能是多方面的，可能是模型本身的设定错误，也可能是缘于数据质量。对于拟合效果不尽理想的初始模型，可以根据其参数显著性或修正指数对模型进行扩展或限制（温忠麟，2004）。模型扩展指释放部分受限路径或添加新路径，使模型的结构更加合理；模型限制指通过删除某些不具有显著性的路径，使模型结构更加简洁。Lisrel8.70 给出的修正指数（Modification indices，MI），从数理上指出了哪些路径系数从限制到自由的修正可以提高模型的拟合优度，主要用于模型扩展（温忠麟等，2005）。但是，统计软件提出的模型修正意见仅仅是从输入数据的角度出发，无法根据各个变量之间关系的理论基础给出修改建议，即修正指数只是一种"数据驱动"的结果。因此，在对初始结构方程模型进行修正时，不能仅从修正指数单方面考虑，还要同时考虑变量间的理论关系。

考察初始模型的修正指数 MI 发现，MI 值最大的是将自变量第 10 问项归为承诺维度的修正，MI 值为 1.99。由于本书第 4 章已经运用探索性和验证性因子分析做了各研究变量的量表设计，并且该 MI 值仅为 1.99，对卡方值减少的贡献程度不大。所以，本书认为不必对模型进行修正调整，可以接受初始拟合结果。

因此，前文 5.2.1 小节的拟合结果即为本书企业关系资本对知识转

移与创新绩效影响机制的结构方程模型路径解。具体模型图示如图 5.1
所示，图中数字为各路径的标准化系数，数字右上角的星号分别对应不
同的显著性水平。

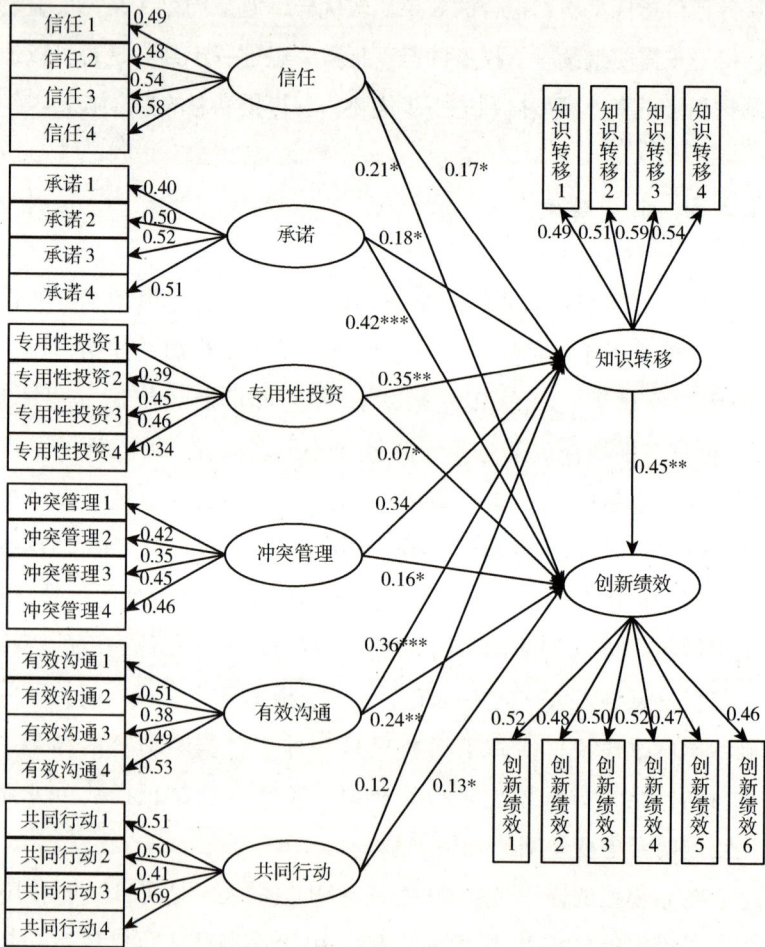

图 5.1 企业关系资本对创新绩效影响机制的结构方程模型

注：（1）路径系数上 *** 代表 $p < 0.001$，** 代表 $p < 0.01$，* 代表 $p < 0.05$。

（2）"题项 – 因子"的因子负荷值均通过最低为 $p < 0.05$ 的显著性检验，图中未做具体标示。

资料来源：根据 Lisrel8.70 输出结果绘制。

5.3　知识转移的中介作用检验

5.3.1　中介作用的检验方法介绍

中介变量在各个变量之间的因果关系中扮演着非常重要的角色，有助于揭示各变量之间的本质关系（卢谢峰，2007），它是自变量对因变量发挥影响作用的内在原因（Baron and Kenny，1986）。依据温忠麟、侯杰泰等人（2004，2005）的观点，如果某自变量 X 对某因变量 Y 的影响作用发挥需要借由某中间变量 M 来实现，则称该变量 M 为中介变量。如图 5.2 所示。

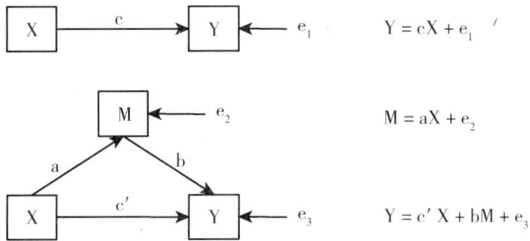

图 5.2　中介效应模型

资料来源：引自温忠麟等（2005）。

在指出何为中介变量并给出中介效应模型的同时，温忠麟等（2005）也提出了中介效应详细的检验步骤和程序，详细操作步骤见图 5.3。

根据图示，中介效应的检验程序有四步：第一步，检验回归系数 c，如果显示为显著，则继续第二步；否则，停止中介效应分析。第二步，做部分中介效应检验，即依次检验回归系数 a 和 b 的显著性，若二者都显著，则转入第三步；若二者中至少有一个表现为不显著，则转入第四

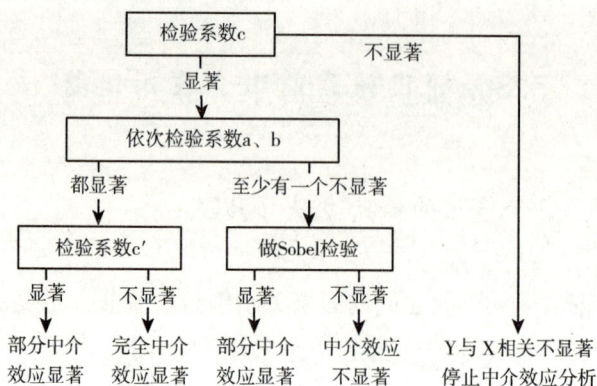

图 5.3   中介效应的检验步骤和程序

资料来源：引自温忠麟等（2005）的研究。

步。第三步，做完全中介效应检验，即检验系数 c' 的显著性，若 c' 显著，则说明模型表现为部分中介效应；否则，模型表现为完全中介效应。第四步，对模型做 Sobel 检验，检验统计量 z 的表达式为 $z = \hat{a}\hat{b}/\sqrt{\hat{a}^2 s_b^2 + \hat{b}^2 s_a^2}$（其中，$\hat{a}$、$\hat{b}$ 分别是 a、b 的估计值，s_a、s_b 分别是 $\hat{a}$、$\hat{b}$ 的标准误差值），若 z 值显著，则模型表现为部分中介效应；否则，中介效应不显著。

5.3.2   中介作用的检验

本书理论分析认为，知识转移在企业关系资本各个维度对创新绩效的影响中发挥中介作用。下面将对该中介作用依次进行检验。

（1）自变量与因变量。检验自变量对因变量的回归系数 c，即将自变量企业关系资本各个维度与因变量创新绩效进行回归分析，结果如表5.13 所示。

表 5.13　　　　　　　自变量与因变量的回归分析结果（N = 192）

自变量	因变量	回归系数 c
信任	创新绩效	0.229 **
承诺	创新绩效	0.401 **
专用性投资	创新绩效	0.176 *
冲突管理	创新绩效	0.268 **
有效沟通	创新绩效	0.405 **
共同行动	创新绩效	0.207 **

注：** 代表 $p < 0.01$，* 代表 $p < 0.05$。

从表 5.13 可以读出，企业关系资本的信任、承诺、专用性投资、冲突管理、有效沟通和共同行动六个维度与创新绩效均存在直接显著相关关系，表明企业创新绩效可以由自变量企业关系资本的各维度来解释，各潜变量之间具备统计显著性，可以继续进行中介效应检验。

（2）自变量与中介变量。检验自变量对中介变量的回归系数 a，即对自变量企业关系资本各维度与中介变量知识转移进行回归分析，结果如表 5.14 所示。

表 5.14　　　　　　　自变量与中介变量的回归分析结果（N = 192）

自变量	中介变量	回归系数 a
信任	知识转移	0.165 *
承诺	知识转移	0.191 *
专用性投资	知识转移	0.259 **
冲突管理	知识转移	0.102
有效沟通	知识转移	0.305 ***
共同行动	知识转移	0.228 *

注：*** 代表 $p < 0.001$，** 代表 $p < 0.01$，* 代表 $p < 0.05$。

从表 5.14 可以读出，信任、承诺、专用性投资、冲突管理、有效沟通和共同行动与中介变量知识转移的相关性分析中，除冲突管理与知识转移之间的相关关系较弱以外，其余五个维度与知识转移之间均存在显著的相关关系。

（3）中介变量与因变量。检验中介变量对因变量的回归系数 b，即将中介变量知识转移与因变量创新绩效做回归分析，结果如表 5.15 所示。

表 5.15　　　　　　中介变量与因变量的回归分析结果（N = 192）

中介变量	因变量	回归系数 b
知识转移	创新绩效	0.428 **

注：** 代表 $p < 0.01$。

从表 5.15 可以看出，知识转移与创新绩效之间存在显著的正相关关系。

（4）中介变量作为控制变量。根据中介效应的检验步骤，在对信任、承诺、专用性投资、有效沟通和共同行动五个维度进行系数 a、b 的显著性检验时，均表现为显著。因此，进入检验系数 c′的显著性。即将中介变量知识转移看作控制变量，再次对自变量企业关系资本的各维度和创新绩效进行回归分析，结果如表 5.16 所示。

表 5.16　　　　　知识转移作为控制变量后自变量与因变量的

回归分析结果（N = 192）

自变量	因变量	回归系数 c′	初始回归系数 c
信任	创新绩效	0.158 *	0.229 **
承诺	创新绩效	0.229 *	0.401 **
专用性投资	创新绩效	0.035	0.176 *
有效沟通	创新绩效	0.126 *	0.405 **
共同行动	创新绩效	0.087 *	0.207 **

注：** 代表 $p < 0.01$，* 代表 $p < 0.05$。

从表 5.16 可以看出，将知识转移看作控制变量后，信任、承诺、有效沟通和共同行动四个维度与创新绩效之间的相关性虽然在 $p < 0.05$ 的显著水平上仍表现为显著，但相关系数较之初始回归系数 c 都有明显的减弱趋势。并且，专用性投资维度与创新绩效的关系由初始的 $p < 0.05$ 水平上显著变为不显著。因此，依据温忠麟等（2005）对中介效应的判断标准，本书得出以下结论：第一，企业关系资本的信任、承诺、有效沟通和共同行动四个维度与创新绩效的关系中，知识转移发挥部分中介效应；第二，专用性投资维度与创新绩效的关系中，知识转移发挥完全中介效应。

（5）Sobel 检验。根据图 5.3 给出的中介效应检验步骤，在进行知识转移在冲突管理与创新绩效之间的中介效应检验时，系数 a、b 中有一个不显著（系数 a 为 0.102，不显著），需进入 Sobel 检验。下面，本书将对知识转移在冲突管理与创新绩效关系中的中介效应进行 Sobel 检验。可参见图 5.4。

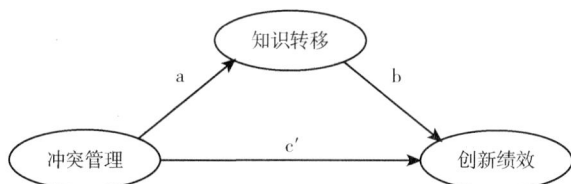

图 5.4   知识转移在冲突管理与创新绩效关系中的中介效应检验

对上述三个变量做回归拟合，得到各路径系数见表 5.17。

表 5.17   冲突管理与知识转移、创新绩效的路径系数（N = 192）

路径关系	标准化系数	标准差（S. E.）	T 值
冲突管理→知识转移	0.123	0.059	2.073
知识转移→创新绩效	0.409	0.066	6.182
冲突管理→创新绩效	0.273	0.070	3.905

根据表 5.17 的拟合路径系数和统计量 z 的计算公式，可计算出统计

量 z = 1.976，大于临界值 1.96，即 Sobel 检验中 z 显著，表示在冲突管理影响创新绩效的路径中知识转移发挥部分中介效应。

综合以上分析，本书中知识转移在企业关系资本各维度与创新绩效的关系中分别显示出完全和部分中介效应，汇总如图 5.5 所示。

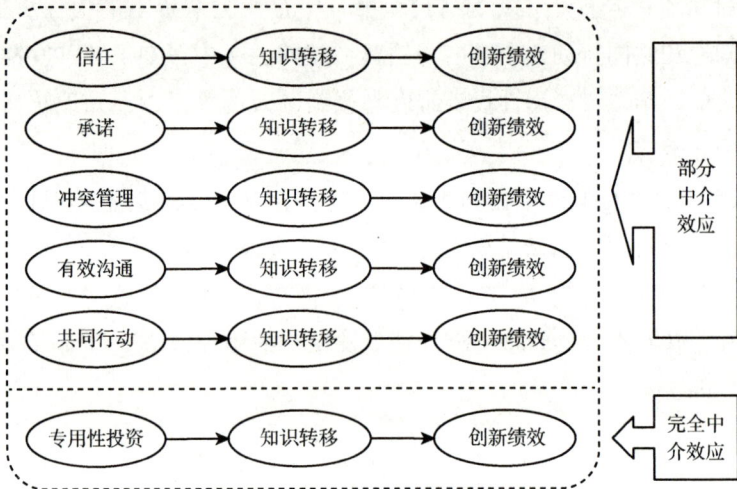

图 5.5 本书中介效应检验结果汇总

5.4 企业网络能力的调节作用检验

5.4.1 调节作用的检验方法介绍

James 等（1984）认为，当因变量 Y 与自变量 X 之间的关系是某个变量 M 的函数时，该变量 M 即可称为调节变量。调节效应模型一般可以用图 5.6 简单示意。调节变量可以是定性的数据，也可以是定量的数据，其作用主要是影响因变量 Y 与自变量 X 之间关系的方向（正、负）和强弱。

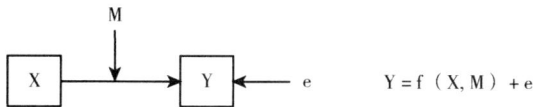

$$Y = f\,(X,M) + e$$

图 5.6　调节效应

资料来源：引自温忠麟等（2005）。

　　对调节效应的检验，根据调节变量的不同类型检验方法也略有不同。总体来看，调节效应分析与交互效应分析从统计学角度来说是大同小异的（温忠麟等，2005）。温忠麟等人的研究中，按照所涉变量的可观测性将调节效应分析划分为两大类：所涉变量（自变量、因变量、调节变量）都是可观测的显变量；所涉变量中至少有一个是不可直接观测的潜变量。本书中的各所涉变量均为潜变量，属于上述分类中的第二种类型。根据温忠麟等人的观点，当调节变量和自变量都是不可直接观测的潜变量时，可以采用很多不同的分析方法检验调节效应。如 Algina 和 Moulder 提出的适用于数据是正态分布情况的中心化乘积指标法，Wall 和 Amemiya 提出的广泛适用于正态分布和非正态分布数据的广义乘积指标法等。这两种方法虽然适用较广泛，但由于约束条件比较严格，使得使用起来比较麻烦而且容易出错。后来温忠麟、吴艳（2010）在前人研究的基础上，总结出一套既简洁又方便的方法，即无约束方程法。该方法一经发布即引起学术界的广泛关注，至今已被 100 多篇学术研究论文引用。二人构建的潜变量交互效应模型如图 5.7 所示。无约束方程法检验调节效应的核心思想为：要检验变量 M 对自变量 X 与因变量 Y 之间关系的调节效应，则需构建如下的结构方程：$Y = r_1 \times X + r_2 \times M + r_3 \times X \times M + e$，其中 r_1、r_2 代表主效应，r_3 代表交互效应，将乘积 $X \times M$ 看作是除了变量 X 和 M 之外的第三个潜变量。需要注意的是，在对变量进行调节效应分析之前，为了避免数据多重共线性的影响，通常需要首先将变量数据做中心化处理（温忠麟等，2005），即用变量的观测值减去其均值形成的中心化数据检验变量的调节效应。

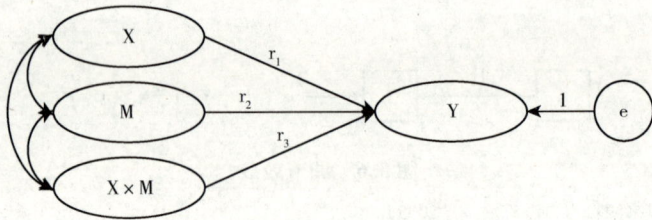

图 5.7 潜变量交互效应模型

资料来源：引自温忠麟等（2010）。

根据上述检验思想，潜变量调节效应的具体检验步骤如下：第一，将各潜变量的所有观测变量作中心化处理，得到新的数据串；第二，将自变量与调节变量的各观测指标配对相乘，生成新的配对乘积指标作为第三个潜变量 X×M 的观测指标。在各观测指标配对相乘时，应遵循"大配大，小配小"的基本原则，即根据指标的标准负荷大小将各观测指标分别相乘；第三，构建无约束方程模型：$Y = r_1 \times X + r_2 \times M + r_3 \times X \times M + e$，检验系数 r_3 的显著性，若 r_3 显著，则调节效应显著。

5.4.2 调节作用的检验

本书认为，企业网络能力在企业关系资本各个维度与知识转移的关系中发挥调节作用，如图 5.8 所示。下面将对网络能力在企业关系资本的不同维度与知识转移关系中的调节作用依次进行检验。

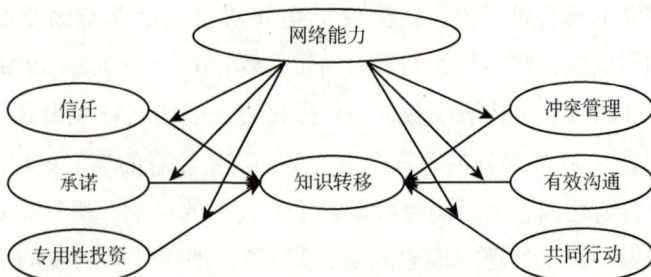

图 5.8 网络能力的调节作用

5.4.2.1 信任—知识转移路径上网络能力的调节作用检验

网络能力在信任与知识转移关系中的调节作用如图 5.9 所示。根据温忠麟、吴艳（2010）提出的无约束方程法构建调节效应模型，并运用 Lisrel8.70 软件进行拟合检验，拟合结果及参数值见表 5.18。

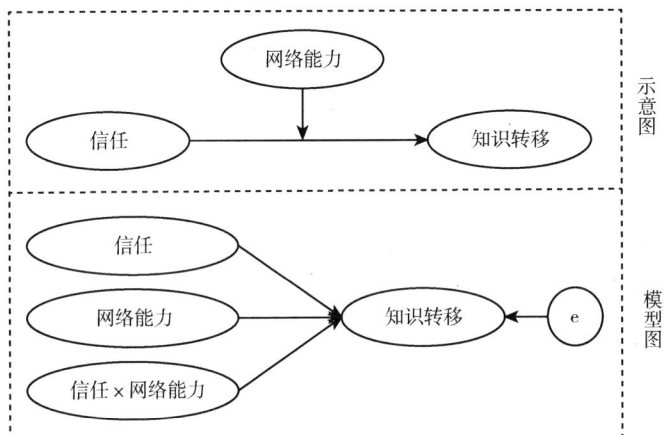

图 5.9 网络能力对信任与知识转移关系的调节作用

表 5.18　　　　　　网络能力对信任与知识转移关系的
调节作用检验结果（N = 192）

χ^2	df	χ^2/df	RMSEA	NNFI	CFI
209.65	99	2.118	0.074	0.91	0.93
路径			标准化系数	T 值	P 值
信任×网络能力→知识转移			0.005	1.080	0.369

资料来源：根据 Lisrel8.70 输出结果整理。

从表 5.18 可以看出，该模型的卡方值为 209.65，χ^2/df 为 2.118，RMSEA 值为 0.074，小于 0.1，NNFI、CFI 分别为 0.91 和 0.93，均大于 0.9，因此，该模型拟合的比较理想。网络能力对信任与知识转移关系的调节效应为 0.005，T 值为 1.080 小于 1.96，对应的 P 值为 0.369 大于 0.1，说明在信任与知识转移的关系中网络能力的调节作用不显著。

5.4.2.2 承诺—知识转移路径上网络能力的调节作用检验

网络能力在承诺与知识转移关系中的调节作用如图 5.10 所示。根据温忠麟、吴艳（2010）提出的无约束方程法构建调节效应模型，并运用 Lisrel8.70 软件进行拟合检验，拟合结果及参数值见表 5.19。

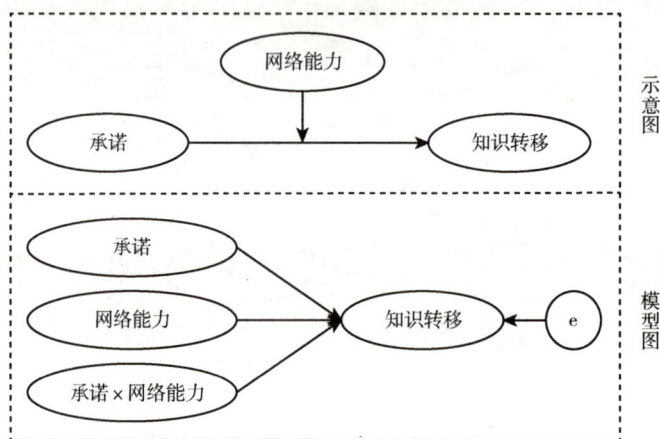

图 5.10　网络能力对承诺与知识转移关系的调节作用

表 5.19　　　　　　网络能力对承诺与知识转移关系的

调节作用检验结果（N = 192）

χ^2	df	χ^2/df	RMSEA	NNFI	CFI
233.07	99	2.354	0.082	0.90	0.93
路径			标准化系数	T 值	P 值
承诺沟通×网络能力→知识转移			0.106	1.157	0.475

资料来源：根据 Lisrel8.70 输出结果整理。

从表 5.19 可以看出，该模型的 χ^2 值为 233.07，χ^2/df 为 2.354，同时，RMSEA 值为 0.082，小于 0.1，NNFI、CFI 分别为 0.90 和 0.93，均略大于 0.9，因此，该模型拟合的比较理想。网络能力对承诺与知识转移关系的调节效应为 0. 106，T 值为 1. 157 小于 1. 96，对应的 P 值为 0. 475 大于 0. 1，说明在承诺与知识转移的关系中网络能力的调节作用不显著。

5. 4. 2. 3　专用性投资—知识转移路径上网络能力的调节作用检验

网络能力在专用性投资与知识转移关系中的调节作用如图 5. 11 所示。根据温忠麟、吴艳（2010）提出的无约束方程法构建调节效应模型，并运用 Lisrel8. 70 软件进行拟合检验，拟合结果及参数值见表 5. 20。

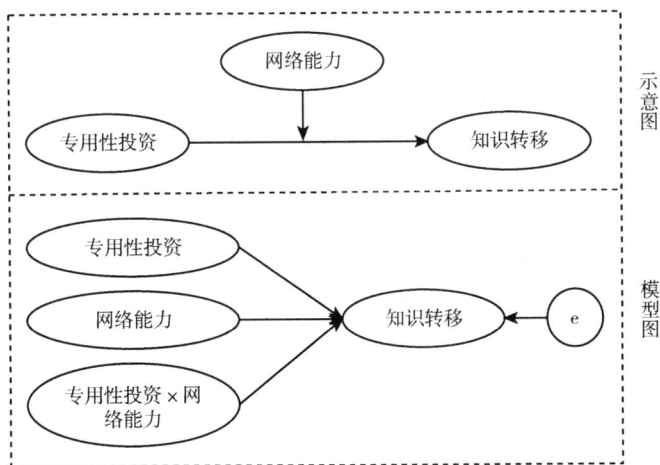

图 5. 11　网络能力对专用性投资与知识转移关系的调节作用

表 5. 20　　　　　网络能力对专用性投资与知识转移关系的调节作用检验结果（N = 192）

χ^2	df	χ^2/df	RMSEA	NNFI	CFI
265. 11	99	2. 678	0. 029	0. 92	0. 96
路径			标准化系数	T 值	P 值
专用性投资×网络能力→知识转移			0. 150	2. 803	0. 042

资料来源：根据 Lisrel8. 70 输出结果整理。

从表 5. 20 可以看出，该模型的 χ^2 值为 265. 11，χ^2/df 为 2. 678，同时，RMSEA 值为 0. 029，小于 0. 1，NNFI、CFI 分别为 0. 92 和 0. 96，均

大于 0.9，因此，该模型拟合的比较理想。网络能力对专用性投资与知识转移关系的调节效应为 0.150，T 值为 2.803 大于 1.96，对应的 P 值为 0.042 小于 0.1，说明网络能力对专用性投资与知识转移间关系的调节作用显著。

5.4.2.4 冲突管理—知识转移路径上网络能力的调节作用检验

网络能力在冲突管理与知识转移关系中的调节作用如图 5.12 所示。根据温忠麟、吴艳（2010）提出的无约束方程法构建调节效应模型，并运用 Lisrel8.70 软件进行拟合检验，拟合结果及参数值见表 5.21。

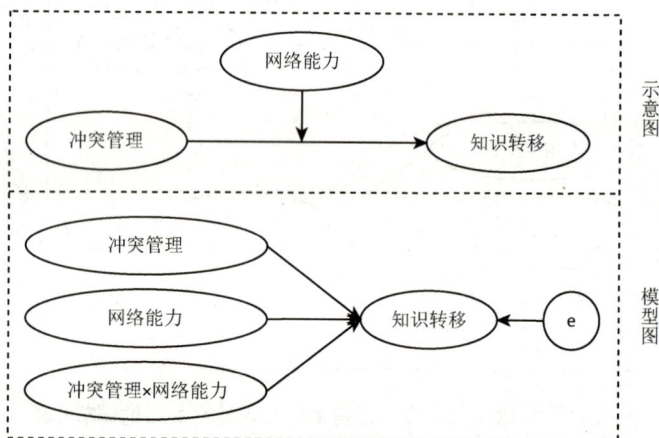

图 5.12 网络能力对冲突管理与知识转移关系的调节作用

表 5.21   网络能力对冲突管理与知识转移关系的
调节作用检验结果（N = 192）

χ^2	df	χ^2/df	RMSEA	NNFI	CFI
328.53	99	3.318	0.048	0.93	0.97
路径			标准化系数	T 值	P 值
冲突管理×网络能力→知识转移			0.236	2.200	0.029

资料来源：根据 Lisrel8.70 输出结果整理。

从表 5.21 可以看出，该模型的 χ^2 值为 328.53，χ^2/df 为 3.318，同时，RMSEA 值为 0.048，小于 0.1，NNFI、CFI 分别为 0.93 和 0.97，均大于 0.9，因此，该模型拟合的比较理想。网络能力对冲突管理与知识转移关系的调节效应为 0.236，T 值为 2.200 大于 1.96，对应的 P 值为 0.029 小于 0.1，说明网络能力对冲突管理与知识转移间的关系发挥显著调节作用。

5.4.2.5 有效沟通—知识转移路径上网络能力的调节作用检验

网络能力在有效沟通与知识转移关系中的调节作用如图 5.13 所示。根据温忠麟、吴艳（2010）提出的无约束方程法构建调节效应模型，并运用 Lisrel8.70 软件进行拟合检验，拟合结果及参数值见表 5.22。

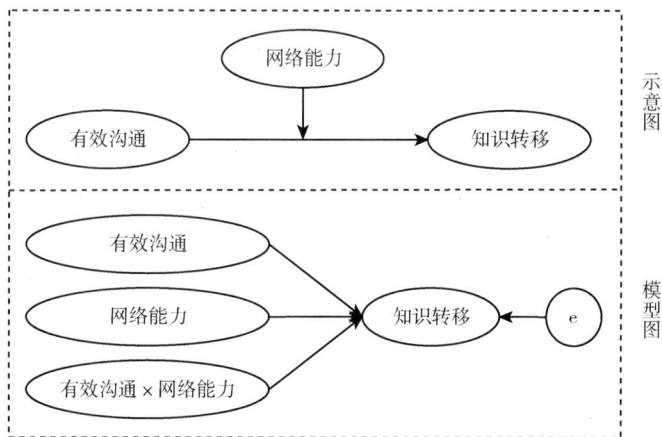

图 5.13 网络能力对有效沟通与知识转移关系的调节作用

表 5.22   **网络能力对有效沟通与知识转移关系的**
调节作用检验结果（N = 192）

χ^2	df	χ^2/df	RMSEA	NNFI	CFI
290.35	99	2.933	0.034	0.91	0.97
路径			标准化系数	T 值	P 值
有效沟通×网络能力→知识转移			0.214	3.629	0.071

资料来源：根据 Lisrel8.70 输出结果整理。

从表 5.22 可以看出，该模型的 χ^2 值为 290.35，χ^2/df 为 2.933，同时，RMSEA 值为 0.034，小于 0.1，NNFI、CFI 分别为 0.91 和 0.97，均大于 0.9，因此，该模型拟合的比较理想。网络能力对有效沟通与知识转移关系的调节效应为 0.214，T 值为 3.629 大于 1.96，对应的 P 值为 0.071 小于 0.1，说明网络能力对有效沟通与知识转移的关系发挥显著调节作用。

5.4.2.6 共同行动—知识转移路径上网络能力的调节作用检验

网络能力在共同行动与知识转移关系中的调节作用如图 5.14 所示。根据温忠麟、吴艳（2010）提出的无约束方程法构建调节效应模型，并运用 Lisrel8.70 软件进行拟合检验，拟合结果及参数值见表 5.23。

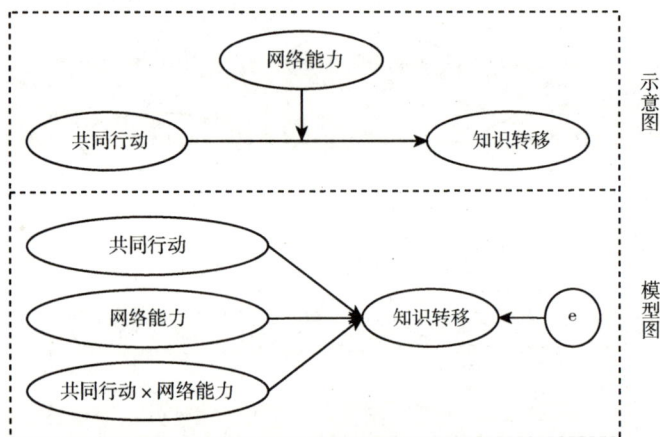

图 5.14 网络能力对共同行动与知识转移关系的调节作用

表 5.23   网络能力对共同行动与知识转移关系的
调节作用检验结果（N = 192）

χ^2	df	χ^2/df	RMSEA	NNFI	CFI
287.38	99	2.903	0.065	0.94	0.96
路径			标准化系数	T 值	P 值
共同行动×网络能力→知识转移			0.165	2.700	0.008

资料来源：根据 Lisrel8.70 输出结果整理。

从表 5.23 可以看出，该模型的 χ^2 值为 287.38，χ^2/df 为 2.903，RMSEA 值为 0.065，小于 0.1，NNFI、CFI 分别为 0.94 和 0.96，均大于 0.9。因此，该模型拟合的比较理想。网络能力对共同行动与知识转移关系的调节效应为 0.165，T 值为 2.700 大于 1.96，对应的 P 值为 0.008 小于 0.1，说明网络能力对共同行动与知识转移关系的调节作用显著。

5.5　本章小结

本章首先对第 4 章问卷调研回收的 192 份样本数据进行了描述性统计分析；其次，通过构建结构方程模型对本书的理论假设进行检验和验证；再次，利用温忠麟等（2005）的检验方法和步骤逐一检验了知识转移在企业关系资本各要素与创新绩效关系中的中介效应；最后，构建交互效应模型，检验在企业关系资本各要素促进组织间知识转移的路径上企业网络能力的调节效应。结构方程模型的回归结果已在图 5.1 中得到清晰表达，现将知识转移的中介效应与网络能力的调节效应检验过程汇总如表 5.24 所示。

表 5.24　中介效应与调节效应检验过程汇总（N = 192）

	M1	M2	M3	M4	M5	M6	M7	M8	M9
因变量	Y	KT	Y	KT	KT	KT	KT	KT	KT
自变量									
信任：X_1	0.229 **	0.165 *	0.158 *	0.045 *					
承诺：X_2	0.401 **	0.191 *	0.229 *		0.028 *				
专用投资：X_3	0.176 *	0.259 **	0.035			0.229 **			
冲突管理：X_4	0.268 **	0.102	0.013				0.036		
有效沟通：X_5	0.405 **	0.305 ***	0.126 *					0.162 **	
共同行动：X_6	0.207 **	0.228 *	0.087 *						0.093 *
中介变量									
知识转移：KT			0.428 ***						

续表

	M1	M2	M3	M4	M5	M6	M7	M8	M9
调节变量									
网络能力：NC				0.524 ***	0.518 ***	0.478 ***	0.515 ***	0.466 ***	0.489 ***
交互项									
$X_1 \times NC$				0.005					
$X_2 \times NC$					0.106				
$X_3 \times NC$						0.150 **			
$X_4 \times NC$							0.236 *		
$X_5 \times NC$								0.214 ***	
$X_6 \times NC$									0.165 **
RMSEA	0.089	0.072	0.088	0.074	0.082	0.029	0.048	0.034	0.065
NNFI	0.91	0.94	0.90	0.91	0.90	0.92	0.93	0.91	0.94
CFI	0.94	0.97	0.93	0.93	0.93	096	0.97	0.97	0.96
χ^2/df	4.013	3.926	3.402	2.118	2.354	2.678	3.318	2.933	2.903
P-value	0.041	0.063	0.023	0.369	0.475	0.042	0.029	0.071	0.008

注：*** 代表 $p < 0.001$，** 代表 $p < 0.01$，* 代表 $p < 0.05$。

从图 5.1 中可以读出，企业关系资本各构成要素与创新绩效均显著相关，假设 H1～H6 通过检验。同时，知识转移也能够促进企业的创新绩效（相关系数 0.45），即假设 H7 也得到实证分析验证。

表 5.24 中的 M1～M3 是对知识转移中介效应的检验。从 M1～M3 拟合结果可以看出，自变量企业关系资本的六个要素对因变量创新绩效存在显著影响，而该组影响在加入中介变量知识转移后其程度有明显减弱（信任、承诺、有效沟通和共同行动），甚至由显著变为不显著（专用性投资和冲突管理），说明知识转移在该组影响中能够发挥中介作用，即假设 H8a～H8f 得到验证。

M4～M9 是对企业网络能力调节效应的检验。从 M4～M9 六组模型的拟合结果看，信任、承诺的交互项系数不显著，说明企业网络能力在信任、承诺与知识转移的关系中没有显著的调节作用；其余各要素交互项的回归系数均呈现不同水平的显著性，说明在对应要素与知识转移的关系中企业网络能力能够发挥显著的调节作用，即假设 H9a 和 H9b 未得到模型支持，假设 H9c、H9d、H9e 和 H9f 得到模型的支持。至此，众假设检验结果汇总如表 5.25 所示。

表 5.25　　　　　　　　　本书假设检验结果汇总

假设	内　　　　容	检验结果
H1	信任对创新绩效具有积极的正向影响	支持
H2	承诺对创新绩效具有积极的正向影响	支持
H3	专用性投资对创新绩效具有积极的正向影响	支持
H4	冲突管理对创新绩效具有积极的正向影响	支持
H5	有效沟通对创新绩效具有积极的正向影响	支持
H6	共同行动对创新绩效具有积极的正向影响	支持
H7	知识转移对创新绩效具有积极的正向影响	支持
H8	知识转移在企业关系资本与创新绩效的关系中起中介作用	—
H8a	知识转移在信任与创新绩效的关系中起中介作用	支持
H8b	知识转移在承诺与创新绩效的关系中起中介作用	支持
H8c	知识转移在专用性投资与创新绩效的关系中起中介作用	支持
H8d	知识转移在冲突管理与创新绩效的关系中起中介作用	支持
H8e	知识转移在有效沟通与创新绩效的关系中起中介作用	支持
H8f	知识转移在共同行动与创新绩效的关系中起中介作用	支持
H9	网络能力在企业关系资本与知识转移的关系中发挥正向调节作用	—
H9a	网络能力在信任与知识转移的关系中发挥正向调节作用	不支持
H9b	网络能力在承诺与知识转移的关系中发挥正向调节作用	不支持
H9c	网络能力在专用性投资与知识转移的关系中发挥正向调节作用	支持
H9d	网络能力在冲突管理与知识转移的关系中发挥正向调节作用	支持
H9e	网络能力在有效沟通与知识转移的关系中发挥正向调节作用	支持
H9f	网络能力在共同行动与知识转移的关系中发挥正向调节作用	支持

第6章　研究结论

　　本书基于文献分析提出关于企业关系资本、网络能力影响知识转移、创新绩效的理论假设，运用大样本统计建模的方法检验验证理论假设，以挖掘影响路径和内在机理。研究围绕企业关系资本影响创新绩效的作用关系和经由知识转移的路径分析，以及差异性企业网络能力背景下影响作用的发挥等问题，形成重要的研究结论。

6.1　实证结果讨论

　　第5章中我们运用结构方程模型方法检验了企业关系资本、网络能力与知识转移、创新绩效之间的理论关系假设。实证分析显示，假设1至假设6阐述了企业关系资本各个维度与创新绩效之间的影响关系，均得到了实证支持，呈现显著正相关关系。即随着组织间的信任与承诺等感情因素的加深，组织间互相学习、知识共享等行为愈发顺畅，组织创新的效果越来越好；组织间行为方面，关系双方的常态沟通互动与对冲突的有效管理都能润滑双边关系，改善企业创新绩效。同时，随着关系双方的专用性投资加大、共同行动程度提高，组织间的知识转移与共享水平也得以提升，为企业创新提供知识基础和保障。假设7提出了知识转移与创新绩效之间的关系预期，通过了模型检验。知识是企业进行技术创新、获得竞争优势的条件（任兵，2005）。知识转移能够丰富企业的资源，更新知识存量；同时弥补企业知识缺口，提高知识质量。因此，知识转移对创新绩效表现为促进作用。假设8及所涉6个子假设提出的知识转移在企业关系资本（包含6个维度）与创新绩效关系中扮演中介作用的假设全部得到了模型验证。实证结果显示，知识转移在专用性投资维度与创新绩效的关系中扮演完全中介作用，在其余五个维度与创新绩效的路径中扮演部分中介角色。

假设9及所含的6个子假设揭示了企业网络能力在企业关系资本（包含6个维度）与知识转移的关系中发挥正向调节作用。实证结果显示，子假设中假设9c、9d、9e、9f得到支持，即专用性投资、冲突管理、有效沟通、共同行动维度与知识转移的关系中，企业网络能力确实发挥了积极调节作用，网络能力强的情况下，该四维度关系资本对知识转移的促进效果更明显。而假设9a、9b则未通过检验，表明企业网络能力强弱对关系企业间的信任与承诺与知识转移间关系的影响不显著。本书认为，可能的原因为：信任和承诺程度高彰显了关系企业间具有较高的情感亲密度，双方对彼此的经营、财力、资源禀赋等了解程度较高。对信息较为透明的关系双方来说，针对自身战略愿景规划识别、判断合作方是否相符，或运用关系优化、网络占位等能力积极构建合作关系等行为缺乏施展空间，有无用武之地之嫌。所以实证结果显示网络能力在该两个维度与知识转移关系中的调节作用不显著是可以理解的。

6.2 本书的研究结论

6.2.1 探明企业关系资本影响创新绩效的作用关系

通过构建企业关系资本、网络能力与知识转移、创新绩效等研究变量间的关系模型，借由大样本数据调研，运用统计检验方法，本书研究发现，企业关系资本能够促进组织间的知识转移，组织间知识转移又有助于提高组织的创新绩效。

首先，企业关系资本丰富有助于企业实现跨组织的知识转移。企业通过在不断的双元合作中培养的互相信任、互惠承诺等感情因素，提高双方的沟通效率，实现高质量互动，及时化解现实或潜在的问题冲突，并通过共建专用性设备投资、共同部署战略行动等加强关系亲密度。在双方建立、维护、加强双边合作的进程中，企业的关系资本得以生成、丰富，而在这一关系资本的生成、丰富中，组织间实现了互相学习与知识的传递。经实证验证，企业关系资本包含信任、承诺、专用性投资、冲突管理、有效沟通和共同行动六维度要素，且该六个维度要素对组织间知识转移均发挥了积极的促进作用。因此，企业应该注重与外部网络建立联结，提高网络关系的密度、稳定性和亲密程度，通过网络强、弱关系的传递与更多的企业或组织建立联结，构筑良好的组织间学习、沟通平台，促进组织间知识资源的流动、转移，提高企业知识存量，保障创新活动顺利开展。

其次，组织间知识转移的行为有助于优化企业的创新绩效。知识是21世纪企业竞争的源泉，企业的竞争力不仅取决于知识存量还取决于获得和产生新知识的能力。已有研究表明，企业创新活动本质上是利用现有存量知识产生新知识。因此，现有存量知识是创新活动的基础。但随着网络技术发展，企业创新往往是跨领域的，现有的知识不一定总能满足生产新知识的全部需求，必然需要外部的知识补充。因此，从这一角度来讲，企业的创新过程也是企业对知识的学习和转移创造过程。这与本书的结论基本一致，实证结果显示，组织间知识转移有助于提高企业的创新绩效。组织间高的知识流动与转移能够促进企业专业知识资源的集成与整合，而不断积蓄的专业知识资源推动着创新的进行和创新成果的产生，提升企业的创新绩效。

6.2.2 挖掘企业关系资本影响创新绩效的路径机理

企业关系资本能够直接促进企业的创新绩效，同时也能够经由知识转移的中介作用促进企业的创新绩效。这与已有文献关于资源观解析绩效的研究相衔接，但也有不同。已有研究围绕企业关系资本对创新绩效的影响，展开不同情境的大量研究。比如，有学者考察企业行业属性、所有权性质等情境变量的作用。但对影响产生的路径机理的探讨相对较少。基于此，本书对企业关系资本影响创新绩效的内涵机理展开深入挖掘，并提出了路径中介变量——知识转移。

研究显示，企业关系资本的丰富程度能够影响企业的创新活动及绩效，这一影响需要通过知识转移的中介传递作用来体现。通过中介效应分析，我们发现知识转移在企业关系资本的专用性投资要素与创新绩效的关系中发挥完全中介效应，而在信任、承诺、冲突管理、有效沟通和共同行动五个要素与创新绩效关系中则发挥部分中介效应。该结论发展了资本—绩效的研究模式，深入探析了企业关系资本转化为创新绩效的过程机理，体现了企业间互动合作与知识共享、转移在形成关系资本与实现创新绩效的发展路径上发挥的关键作用。

6.2.3 揭示企业关系资本影响知识转移及创新绩效的边界条件

企业关系资本是立足于组织间关系产生的关系性资源，若干的双边关系互相交织成为企业网络，企业关系资本的价值发挥离不开网络环境背景。因此，本书从网络环境视角出发，力求揭示出企业关系资本对知识转移及创新绩效发挥作用边界条件。企业网络理论认为，企业关系资本对知识转移的促进作用与企业对网络关系资源的规划、配置、控制等能力有关，故而本书提出了企业网络能力在关系资本与知识转移的关系中发挥调节作用的假设。经实证检验该组共六个子假设中有 2 个未通过检验，其余假设获得了实证支持。即在企业关系资本的专用性投资、冲突管理、有效沟通和共同行动维度企业网络能力的调节作用显著，而在信任和承诺维度被验证为不显著。企业网络能力越强，企业依据自身关系需求寻求可靠关系伙伴，并与之建立高品质关系的能力越高，企业关系资本对组织间知识转移的促进作用越明显。因为知识转移的有效性和强度往往取决于组织间互信与互惠承诺关系，网络能力越强的企业，通过彼此间进行专用性投资，开展共同研发行动，并在合作过程中进行良性沟通解决合作中出现的冲突等搭建企业间的信息交流平台，实现和提高组织间的知识转移绩效。

6.3　研究局限与展望

通过文献理论分析和数理统计建模验证，本书得到了一些结论。同时，研究中也存在一定的不足，有待未来研究者进行不断完善。

6.3.1　本书的局限与不足

本书的局限性主要体现在以下三个方面：

第一，本书的主体思路主要借鉴刘衡、李垣等（2010）提出的"资源—行动—绩效"研究范式，将其应用到企业绩效的动因考察中，分析企业的关系性资源如何诱发并促进跨组织知识转移行动进而影响组织创新绩效。本书对于创新绩效的动因挖掘存在局限，后续研究不应仅局限在关系资源视角，可适当引入组织能力内因与环境外因，多视角、全方位考察影响企业创新行为与创新绩效的动因，构建组织创新动力模型。

第二，本书对企业关系资本对创新绩效的影响机理剖析，主要采用了构造理论模型并同步实证检验的方法。这一验证主要根植于调研数据的检验，欠缺相关案例解析。虽然大样本统计验证在检验理论模型的合理性方面效果斐然，但也存在数据依赖等局限，降低了研究结论的可信度。后续研究可以辅之以案例解析，选择差异化关系资本的企业，深度解析它们在知识转移、创新绩效方面的不同表现，剖析企业关系资本对创新绩效的影响作用大小与影响路径。

第三，本书在数据收集时采用了问卷调查的方式，抽样调查的样本特性对结论的普适性起着至关重要的作用。作者在进行问卷调查时，已尽量增强调查样本的代表性，比如，所调研的企业涉及电子信息、通信、软件、生物医药、新能源、石化等多个行业，企业年龄分布广泛，大、中、小各个规模的企业均有涵盖，等等。但是，本书的调研数据共包含来自192家企业的资料，数据规模并未严格达到大样本的要求（200以上），影响了数据和分析结果的普适度。未来的研究可以考虑综合运用多种调查方法开展数据调研收集，提高数据的可靠性和研究的科学性。

6.3.2 未来研究展望

基于本书有益的研究结论，对比上述研究局限与不足和在研究过程中的切身体会，笔者认为在后续的研究中可主要从以下两方面着手完善：

（1）深入挖掘企业关系资本影响创新绩效的内在机理，解析企业创新绩效提升的动因。企业关系资本与创新行为远非简单的资本增加对应绩效提升的一对一关系，而是包含了若干中间要素、多种互动循环的复杂因果关系，应围绕企业关系资本影响企业创新行为的过程和内在机理进行深入剖析。在明确企业关系资本对创新绩效有促进影响作用的同时，已有研究也认识到这一影响并不仅仅依赖知识转移的路径传递。近年来，学者们也在此方面进行了一些研究，不断挖掘新的影响路径。如 Cavusgil，Calantone 和 Zhao（2013）的研究中探明，企业间的合作经验与彼此间的关系、稳固的关系实力等企业关系资本因素是通过直接作用于组织学习意愿和能力而间接对企业的创新能力和创新绩效产生显著影响的；而韦影（2007）通过实证检验指出，企业的社会资本需要经过知识吸收能力的中介传递对企业的创新行为发挥效用。当然，发挥中介作用的变量远不止吸收能力和组织学习，后续研究需要对影响企业关系资本与创新绩效机制作用的中介变量进行更多的剖析和挖掘，以厘清影响机制的作用本质。在研究方法选择上，还需加入质化研究，比如跨案例研究。由于无论是对企业关系资本还是企业网络能力，抑或是创新绩效或知识转移的研究，在中国尚处于初始阶段，仍未建立比较完善的理论体系。后续研究可以在大样本数据实证建模验证的同时精选代表性案例，通过田野式调研，深究各研究案例的典型细节，经层层编码分析逐渐析出并构建企业关系资本影响创新绩效的路径与机理，使该影响的过程细节得到充分展示，创新行为动因与绩效改善路径得以体现。

（2）进一步提高调研数据的可靠性。在上文的研究局限中，我们提到本书中调查的是来自电子信息、通信、软件、生物医药、新能源、石化等有代表性的高新技术行业，样本容量为 192 并非很大，在后续的研究中应该继续扩大调查范围，增加样本容量。此外，此次调研的是样本企业的单年度数据，并未进行动态跟踪，我们还可以对样本企业展开跨年度动态跟踪，建立面板数据库，利用跨年度面板数据对理论模型开展动态时间序列检验。这样，在研究方法上，也打破了目前仅用因子分析和结构方程方法的静态建模分析，通过有效利用面板数据展开跨时间、跨行业的双层对比分析，增加研究的科学性和有效性，减少研究误差。

附　　录

附录1　访谈提纲

研究访谈在以下问题的指导下进行，并根据面谈现场的情况积极引导互动的讨论。

1. 贵公司的基本情况。

2. 请您描述一下贵公司所进行的创新活动的基本情况，建立长期合作的、比较稳固的创新网络是否是贵公司发展战略的一部分？

3. 请描述贵公司在近几年中推向市场的新产品或服务有哪些，在开发这些产品或服务的过程中经历了哪些困难，当时是如何处理的？

4. 贵公司是基于什么原因建立或进入某个创新网络？

5. 贵公司是如何选择创新活动中的合作伙伴的？

6. 贵公司如何管理这些合作伙伴，即怎么维护与他们的关系？

7. 贵公司与创新合作伙伴的平均合作时间有多久？为什么终止这一关系？

8. 与这些合作伙伴合作的过程中出现过哪些障碍冲突？怎么处理的？

9. 请针对某一个贵公司认为最重要的创新合作伙伴描述一下合作关系是怎么建立的？

10. 贵公司为这个合作投入了哪些相关资源？对方投入了哪些？

11. 为了在合作关系中收益最大化，贵公司需要具有哪些特殊能力？目前拥有这些能力吗？

12. 在日常工作中，贵公司如何管理这一合作关系，双方间是否建立了顺畅的沟通渠道、共同的行为准则等？请简要描述一下双方的互动情况。

13. 在公司内外有哪些因素影响或决定了创新合作是否有效或成功？

14. 合作双方的企业文化对合作创新活动是否产生影响？有哪些影响？

附录2　企业关系资本调查问卷

请根据贵企业的实际情况测度对下表中左面语句的认同程度，并进行5级打分，数字1~5依次代表从"完全不同意"向"完全同意"的过渡，请在对应的方框内打钩。

企业关系资本的描述	完全不同意 ⟶ 完全同意				
	1	2	3	4	5
1. 我们信赖关联企业可以很好履行其责任	☐	☐	☐	☐	☐
2. 我们信赖关联企业的技术专业程度	☐	☐	☐	☐	☐
3. 我们信赖关联企业不会泄露我们的机密	☐	☐	☐	☐	☐
4. 我们信赖关联企业所提供信息的准确性	☐	☐	☐	☐	☐
5. 合作过程中，我们与关联企业的相关人员建立了良好的友谊	☐	☐	☐	☐	☐
6. 在与关联企业的合作中，我们能够无保留的分享各种资源	☐	☐	☐	☐	☐
7. 我们承诺与关联企业的合作遵守互惠互利的原则	☐	☐	☐	☐	☐
8. 我们与关联企业致力于保持长久的合作关系	☐	☐	☐	☐	☐
9. 我们会信守对关联企业的承诺	☐	☐	☐	☐	☐
10. 我们相信关联企业对我方也有同样承诺并可以信守诺言	☐	☐	☐	☐	☐
11. 为维护关系，我们投入了大量的时间和精力	☐	☐	☐	☐	☐
12. 为维护关系，我们在土地、设备等有形资产方面进行了专门投资	☐	☐	☐	☐	☐
13. 为维护关系，我们在人员、技术等无形资产方面进行了专门投资	☐	☐	☐	☐	☐
14. 我们进行了与关联企业管理者、员工的私人关系投资	☐	☐	☐	☐	☐
15. 我们与关联企业间存在解决合作冲突的方法或惯例	☐	☐	☐	☐	☐
16. 我们与关联企业能够监控和预防合作中的潜在冲突	☐	☐	☐	☐	☐
17. 当冲突发生时，我们与关联企业共同努力解决问题	☐	☐	☐	☐	☐
18. 当冲突发生时，双方高管都参与冲突的解决	☐	☐	☐	☐	☐
19. 我们与关联企业间具有双向沟通机制	☐	☐	☐	☐	☐

续表

企业关系资本的描述	完全不同意 ——→ 完全同意				
	1	2	3	4	5
20. 我们与关联企业无保留的与对方分享重要信息	☐	☐	☐	☐	☐
21. 我们与关联企业能够准确理解对方发出的信息	☐	☐	☐	☐	☐
22. 我们与关联企业能够保障所传递信息的准确性	☐	☐	☐	☐	☐
23. 我们与关联企业有共同的、可共享的目标	☐	☐	☐	☐	☐
24. 我们与关联企业能够根据目标共同制定行动规划	☐	☐	☐	☐	☐
25. 我们与关联企业能够进行共同决策	☐	☐	☐	☐	☐
26. 面对问题时，我们与关联企业能够共同求解	☐	☐	☐	☐	☐

附录3　企业关系资本与创新绩效
关系研究调查问卷

尊敬的女士/先生：

您好！此次调查旨在了解企业关系资本对创新绩效的影响路径与机理，为改善企业创新绩效提供有力依据。敬请您回答所有的问题，并确保数据客观真实。你的热心协助将使本研究成果更具代表性及参考价值，在此谢谢您的支持与协助！同时，您所提供的任何观点均将得到严格保密，并仅限于此次学术用途，您本人及公司的名字也不会出现在报告中。

本问卷所有项目评分并无绝对的优劣区分，仅是与事实相符程度的差异评比，请根据贵公司目前的状况及您的真实想法填写，对于本研究有任何建议或疑问，敬请指正。

非常感谢您的帮助和付出的宝贵时间！

第一部分　企业基本信息

1. 您的现任职位_____

2. 企业名称_____

3. 您在该企业的工作时间（年）_____

4. 企业（总部）所在城市_____

5. 企业成立时间_____

6. 企业规模（在岗员工人数/人）：

□50 及以下　　　　□51 ~ 100　　　　□101 ~ 200

□201 ~ 500　　　　□501 ~ 1000　　　□1000 以上

7. 企业所有制类型（若为其他，请在后面写明）：

☐国有及国有控股　　☐集体企业　　　　☐民营及民营控股

☐外商独资企业　　　☐中外合资企业　　☐F 其他_____（请说明）

8. 企业所处的主要行业（若为其他，请在后面写明）：

☐电子信息　　☐通信　　　☐软件　　　☐生物医药

☐新能源　　　☐石化　　　☐其他_____（请说明）

　　问卷的以下部分将采用 Likert－5 级打分的形式，请您根据对左面语句陈述的认同程度在对应的分数数值下面打钩，数字 1 至 5 代表从"完全不同意"向"完全同意"的过渡。

第二部分　企业关系资本

企业关系资本	完全不同意 →　完全同意				
信任	1	2	3	4	5
1. 我们信赖关联企业可以很好履行其责任	☐	☐	☐	☐	☐
2. 我们信赖关联企业的技术专业程度	☐	☐	☐	☐	☐
3. 我们信赖关联企业不会泄露我们的机密	☐	☐	☐	☐	☐
4. 我们信赖关联企业所提供信息的准确性	☐	☐	☐	☐	☐
信守承诺	1	2	3	4	5
1. 我们承诺与关联企业的合作遵守互惠互利的原则	☐	☐	☐	☐	☐
2. 我们与关联企业致力于保持长久的合作关系	☐	☐	☐	☐	☐
3. 我们会信守对关联企业的承诺	☐	☐	☐	☐	☐
4. 我们相信关联企业对我方也有同样承诺并可以信守诺言	☐	☐	☐	☐	☐
专用性投资	1	2	3	4	5
1. 为维护关系，我们投入了大量的时间和精力	☐	☐	☐	☐	☐
2. 为维护关系，我们在土地、设备等有形资产方面进行了专门投资	☐	☐	☐	☐	☐
3. 为维护关系，我们在人员、技术等无形资产方面进行了专门投资	☐	☐	☐	☐	☐

续表

企业关系资本	完全 不同意 →				完全 同意
4. 我们进行了与关联企业管理者、员工的私人关系投资	☐	☐	☐	☐	☐
冲突管理	1	2	3	4	5
1. 我们与关联企业间存在解决合作冲突的方法或惯例	☐	☐	☐	☐	☐
2. 我们与关联企业能够监控和预防合作中的潜在冲突	☐	☐	☐	☐	☐
3. 当冲突发生时，我们与关联企业共同努力解决问题	☐	☐	☐	☐	☐
4. 当冲突发生时，双方高管都参与冲突的解决	☐	☐	☐	☐	☐
有效沟通	1	2	3	4	5
1. 我们与关联企业间具有双向沟通机制	☐	☐	☐	☐	☐
2. 我们与关联企业无保留的与对方分享重要信息	☐	☐	☐	☐	☐
3. 我们与关联企业能够准确理解对方发出的信息	☐	☐	☐	☐	☐
4. 我们与关联企业能够保障所传递信息的准确性	☐	☐	☐	☐	☐
共同行动	1	2	3	4	5
1. 我们与关联企业有共同的、可共享的目标	☐	☐	☐	☐	☐
2. 我们与关联企业能够根据目标共同制定行动规划	☐	☐	☐	☐	☐
3. 我们与关联企业能够进行共同决策	☐	☐	☐	☐	☐
4. 面对问题时，我们与关联企业能够共同求解	☐	☐	☐	☐	☐

第三部分　知识转移

知识转移	完全 不同意 →				完全 同意
	1	2	3	4	5
1. 因为和关联企业的合作关系，我们得到大量的市场知识	☐	☐	☐	☐	☐
2. 因为和关联企业的合作关系，我们得到大量的管理技能知识	☐	☐	☐	☐	☐
3. 因为和关联企业的合作关系，我们得到大量的产品设计知识	☐	☐	☐	☐	☐
4. 因为和关联企业的合作关系，我们得到大量新的制造工艺	☐	☐	☐	☐	☐

第四部分　企业能力

企业网络能力	完全不同意 ——→ 完全同意				
	1	2	3	4	5
1. 我们具有很强的预测网络发展和演化方向的能力	□	□	□	□	□
2. 我们具有很强的发现、评估和选择合作伙伴的能力	□	□	□	□	□
3. 我们具有很强的与合作伙伴间维持良好、稳定关系的能力	□	□	□	□	□
4. 我们具备很强的占据合作关系网络中心位置的能力	□	□	□	□	□

第五部分　创新绩效

相比于同行业的主要竞争对手	完全不同意 ——→ 完全同意				
	1	2	3	4	5
1. 我们总是率先推出新产品或新服务	□	□	□	□	□
2. 我们总是率先应用新技术	□	□	□	□	□
3. 我们推出的新产品或服务数量更多	□	□	□	□	□
4. 我们的新产品开发成功率更高	□	□	□	□	□
5. 我们的产品包含一流的技术与工艺	□	□	□	□	□
6. 我们进行产品改进与创新的市场反映良好	□	□	□	□	□

问卷到此结束，再次感谢您在百忙之中投入精力填写此份问卷！

参 考 文 献

［1］陈晓萍，徐淑英，樊景立．组织与管理研究的实证方法［M］．北京：北京大学出版社，2012：39 – 298．

［2］傅慧，朱仁宏，代吉林．基于知识和学习能力的企业竞争优势研究［M］．北京：经济科学出版社，2009：61 – 63．

［3］傅家骥．技术创新学［M］．北京：清华大学出版社，1998：365 – 369．

［4］侯杰泰，温忠麟，成子娟．结构方程模型及其应用［M］．北京：教育科学出版社，2004：179 – 185．

［5］蓝海林．企业战略管理［M］．北京：科学出版社，2011：109 – 110．

［6］李怀祖．管理研究方法论［M］．第2版．西安：西安交通大学出版社，2004：35 – 137．

［7］林南．社会资本——关于社会结构与行动的理论［M］．上海：上海人民出版社，2005：47 – 50．

［8］刘军．管理研究方法：原理与应用［M］．北京：中国人民大学出版社，2008：214 – 219．

［9］张书军，苏晓华，代吉林．企业战略选择与绩效：衍生与集群情境下的验证［M］．北京：经济科学出版社，2008：46 – 51．

［10］朱仁宏，傅慧，代吉林．社会资本、机会开发与新企业绩效［M］．北京：经济科学出版社，2009：113 – 115．

［11］包凤耐，彭正银，韩炜．连锁董事网、关联方网对公司治理绩效［J］．现代财经，2013（12）：94 – 104.

［12］宝贡敏，王庆喜．战略联盟关系资本的建立与维护［J］．研究与发展管理，2004（3）：9 – 14.

［13］宝贡敏，史江涛．中国文化背景下的"关系"研究述评［J］．心理科学，2008（4）：1018 – 1020.

［14］边燕杰，李路路，李煜，郝大海．结构壁垒、体制转型与地位资源含量［J］．中国社会科学，2006（5）：100 – 109.

［15］边燕杰，丘海雄．企业的社会资本及其功效［J］．中国社会科学，2000（2）：87 – 99.

［16］边燕杰．网络脱生：创业过程的社会学分析［J］．战略管理，2010（1）：1 – 11.

［17］蔡莉，葛宝山，朱秀梅，费宇鹏，柳青．基于资源视角的创业研究框架构建［J］．中国工业经济，2007（11）：96 – 103.

［18］蔡宁，吴结兵．企业集群的竞争优势：资源的结构性整合［J］．中国工业经济，2002（7）：45 – 50.

［19］蔡双立，孙芳．关系资本、要素整合与中小企业网络化成长［J］．改革，2013（7）：111 – 119.

［20］曹红军，卢长宝，王以华．资源异质性如何影响企业绩效：资源管理能力调节效应的检验和分析［J］．南开管理评论，2011（4）：25 – 31.

［21］曹鹏，陈迪，李健．网络能力视角下企业创新网络机理和绩效研究——基于长三角制造企业实证分析［J］．科学学研究，2009（11）：1742 – 1748.

［22］常荐，李顺才．论基于战略联盟的关系资本的形成［J］．外国经济与管理，2002（7）：29 – 33.

［23］陈菲琼．关系资本在企业知识联盟中的作用［J］．科研管理，

2003（5）：37 –43.

[24] 陈劲，李飞宇．社会资本：对技术创新的社会学诠释 [J]．科学学研究，2001（3）：102 –107.

[25] 陈爽英，井润田，龙小宁等．民营企业家社会关系资本对研发投资决策影响的实证研究 [J]．管理世界，2010（1）：88 –97.

[26] 陈学光，徐金发．基于企业网络能力的创新网络研究 [J]．技术经济，2007（3）：42 –44，116.

[27] 陈小林，胡淑娟．关系资本、关系契约与关系治理：一项文献评述 [J]．生产力研究，2008（4）：142 –144.

[28] 成良斌．文化传统、社会资本与技术创新 [J]．中国软科学，2006（11）：120 –125.

[29] 储小平．社会关系资本与华人家族企业的创业及发展 [J]．南开管理评论，2003（6）：8 –12.

[30] 储小平，李怀祖．信任与家族企业的成长 [J]．管理世界，2003（6）：98 –104.

[31] 丁重，邓可斌．政治关系与创新效率：基于公司特质信息的研究 [J]．财经研究，2010（10）：85 –100.

[32] 董俊武，陈震红．从关系资本理论看战略联盟的伙伴关系管理 [J]．财经科学，2003（5）：81 –85.

[33] 杜建华，田晓明，蒋勤峰．基于动态能力的企业社会资本与创业绩效关系研究 [J]．中国软科学，2009（2）：115 –126.

[34] 甘强，王军波．企业资源整合能力探析 [J]．企业文明，2009（5）：18 –19.

[35] 耿新，张体勤．企业家社会资本对组织动态能力的影响——以组织宽裕为调节变量 [J]．管理世界，2010（6）：109 –121.

[36] 关鑫，高闯，吴维库．终极股东社会资本控制链的存在与动用——来自中国60 家上市公司的证据 [J]．南开管理评论，2010（6）：

97 – 105.

[37] 韩炜，杨俊，包凤耐. 初始资源、社会资本与创业行动效率——基于资源匹配视角的研究 [J]. 南开管理评论，2013 (3)：149 – 160.

[38] 侯广辉，张键国. 企业社会资本能否改善技术创新绩效 [J]. 当代财经，2013 (2)：74 – 86.

[39] 黄俊，李传昭. 动态能力与自主创新能力关系的实证研究 [J]. 商业经济与管理，2008 (1)：32 – 37.

[40] 黄裙，文守逊. 吸收能力与战略技术联盟的创新绩效 [J]. 技术经济，2009 (12)：1 – 3.

[41] 黄玉杰，万迪. 高技术企业联盟中的治理匹配及其绩效分析 [J]. 研究与发展管理，2007 (4)：9 – 14.

[42] 简兆权，吴隆增，黄静. 吸收能力、知识整合对组织创新和组织绩效的影响研究 [J]. 科研管理，2008 (1)：80 – 86.

[43] 姜文杰，张玉荣. 制度资本、关系资本对集群制造企业技术创新绩效的影响 [J]. 管理学报，2013 (11)：1641 – 1647.

[44] 蒋春燕，赵署明. 社会资本和公司企业家精神与绩效的关系：组织学习的中介作用 [J]. 管理世界，2006 (10)：90 – 101.

[45] 蒋天颖，张一青，工俊江. 企业社会资本与竞争优势的关系研究——基于知识的视角 [J]. 科学学研究，2010 (8)：1212 – 1221.

[46] 李红艳，储雪林，常宝. 社会资本与技术创新的扩散 [J]. 科学学研究，2004 (3)：333 – 336.

[47] 李金明. 企业创新能力的分析模型 [J]. 东华大学学报：自然科学版，2001 (2)：27 – 30.

[48] 李金星，刘强. 企业社会资本与动态能力间关系的实证研究框架——以知识创新为中介变量 [J]. 南京财经大学学报，2010 (2)：85 – 90.

[49] 李西垚，弋亚群，苏中锋. 社会关系对企业家精神与创新关

系的影响研究 [J]. 研究与发展管理, 2010 (5): 39 – 45.

[50] 林箐, 刘伟, 李随成. 企业社会资本对技术创新能力影响的实证研究 [J]. 科研管理, 2011 (1): 35 – 44.

[51] 林莉, 周鹏飞. 知识联盟中知识学习、冲突管理与关系资本 [J]. 科学学与科学技术管理, 2004 (4): 107 – 110.

[52] 刘衡, 李垣, 李西垚, 肖婷. 关系资本、组织间沟通和创新绩效的关系研究 [J]. 科学学研究, 2010 (12): 1912 – 1919.

[53] 刘焕鹏, 严太华. 我国高技术产业 R&D 能力、技术引进与创新绩效——基于省际动态面板数据模型的实证分析 [J]. 山西财经大学学报, 2014 (8): 42 – 49.

[54] 罗珉, 高强. 中国网络组织: 网络封闭和结构洞的悖论 [J]. 中国工业经济, 2011 (11): 90 – 99.

[55] 罗荣桂, 李文军. 基于技术合作的企业技术创新能力强化研究 [J]. 研究与发展管理, 2004 (3): 40 – 46.

[56] 马鸿佳, 董保宝, 葛宝山. 资源整合过程、能力与企业绩效关系研究 [J]. 吉林大学社会科学学报, 2011 (4): 71 – 78.

[57] 慕继风, 冯宗宪, 陈芳丽. 企业网络的运行机理与企业的网络管理能力 [J]. 外国经济与管理, 2001 (10): 48 – 54.

[58] 彭星闾, 龙怒. 关系资本——构建企业新的竞争优势 [J]. 财贸研究, 2004 (5): 49 – 54.

[59] 钱锡红, 徐万里, 杨永福. 企业网络位置、间接联系与创新绩效 [J]. 中国工业经济, 2010 (2): 78 – 88.

[60] 饶扬德. 企业资源整合过程与能力分析 [J]. 工业技术经济, 2006 (9): 72 – 74.

[61] 任俊义. 社会资本视角下企业智力资本形成机理研究 [J]. 科研管理, 2011 (2): 136 – 144.

[62] 任胜钢. 企业网络能力结构的测评及其对企业创新绩效的影

响机制研究 [J]. 南开管理评论, 2010 (1): 69-80.

[63] 任胜钢, 孟宇, 王龙伟. 企业网络能力的结构测度与实证研究 [J]. 管理学报, 2011 (4): 531-538.

[64] 任胜钢, 吴娟, 王龙伟. 网络嵌入与企业创新绩效研究 [J]. 研究与发展管理, 2011 (4): 16-25.

[65] 芮明杰, 李蹇, 任红波. 高技术企业知识创新模式研究 [J]. 外国经济与管理, 2004 (5): 8-12.

[66] 石军伟, 付海艳. 企业的异质性社会资本及其嵌入风险——基于中国经济转型情境的实证研究 [J]. 中国工业经济, 2010 (11): 109-119.

[67] 石军伟, 胡立君, 付海艳. 企业社会责任、社会资本与组织竞争优势: 一个战略互动视角——基于中国转型期经验的实证研究 [J]. 中国工业经济, 2009 (11): 87-98.

[68] 粟芳, 万洁平译, Tjosvold D. 合作与竞争理论的实验研究 [J]. 管理世界, 2002 (7): 126-133.

[69] 唐清泉, 甄丽明. 透视技术创新投入的机理与影响因素: 一个文献综述 [J]. 科学学与科学技术管理, 2009 (11): 75-80.

[70] 王雷. 外部社会资本与集群企业创新绩效的关系: 知识溢出与学习效应的影响 [J]. 管理学报, 2013 (3): 444-450.

[71] 王建中. 创业环境、资源整合能力与创业绩效关系结构模型构建 [J]. 商场现代化, 2011 (6): 40-41.

[72] 王庆喜, 宝贡敏. 社会网络、资源获取与小企业成长 [J]. 管理工程学报, 2007 (4): 57-61.

[73] 王霄, 胡军. 社会资本结构与中小企业创新 [J]. 管理世界, 2005 (7): 116-122.

[74] 王晓文, 张玉利, 李凯. 创业资源整合的战略选择和实现手段 [J]. 经济管理, 2009 (1): 61-66.

[75] 魏江，寒午. 企业技术创新能力的界定及其与核心能力的关联 [J]. 科研管理，1998 (6)：13 - 14.

[76] 魏江，许庆瑞. 企业创新能力的概念、结构、度量与评价 [J]. 科学管理研究，1995 (5)：50 - 55.

[77] 魏旭光，康凯，张志颖，张敬. 生产型企业间信任对合作满意度的影响研究 [J]. 预测，2013 (2)：42 - 48.

[78] 魏泽龙，弋亚群，李垣. 多变环境下动态能力对不同类型创新的影响研究 [J]. 科学学与科学技术管理，2008 (5)：44 - 47.

[79] 韦影. 企业社会资本与技术创新：基于吸收能力的实证研究 [J]. 中国工业经济，2007 (9)：119 - 127.

[80] 温忠麟，侯杰泰，Herbert W Marsh. 结构方程模型中调节效应的标准化估计 [J]. 心理学报，2008 (6)：729 - 736.

[81] 温忠麟，侯杰泰，马什赫伯特. 潜变量交互效应分析方法 [J]. 心理科学进展，2003 (5)：593 - 599.

[82] 温忠麟，侯杰泰，张雷. 调节效应与中介效应的比较和应用 [J]. 心理学报，2005 (2)：268 - 274.

[83] 温忠麟，吴艳. 潜变量交互效应建模方法演变与简化 [J]. 心理科学进展，2010 (8)：1306 - 1313.

[84] 温忠麟，张雷，侯杰泰. 有中介的调节变量和有调节的中介变量 [J]. 心理学报，2006 (3)：448 - 452.

[85] 温忠麟，张雷，侯杰泰，等. 中介效应检验程序及其应用 [J]. 心理学报，2004 (5)：614 - 620.

[86] 吴淼. 关系资产与企业收益创造 [J]. 中南财经政法大学学报，2002 (2)：103 - 107.

[87] 吴晓波，韦影. 我国制药企业技术创新的战略网络研究 [J]. 研究与发展管理，2004 (6)：24 - 28.

[88] 武志伟. 企业社会资本的内涵和功能研究 [J]. 软科学，

2003 (5): 19-21.

[89] 谢洪明，葛志良，王成. 社会资本、组织学习与组织创新的关系研究 [J]. 管理工程学报，2008 (1): 5-10.

[90] 邢小强，仝允桓. 网络能力：概念、结构与影响因素分析 [J]. 科学学研究，2006 (12): 558-563.

[91] 邢小强，仝允桓. 创新视角下的企业网络能力与技术能力关系研究 [J]. 科学学与科学技术管理，2007 (12): 182-186.

[92] 徐凯，高山行. 技术资源管理对社会资本和产品创新中介作用研究 [J]. 管理科学，2008 (6): 2-8.

[93] 徐金发，许强，王勇. 企业的网络能力剖析 [J]. 外国经济与管理，2001 (11): 21-25.

[94] 徐尚昆，杨汝岱. 中国企业社会责任及其对企业社会资本影响的实证研究 [J]. 中国软科学，2009 (11): 119-128.

[95] 徐细雄，杨卓，刘星. 企业政治关系研究前沿探析 [J]. 外国经济与管理，2010 (3): 26-32.

[96] 薛卫，雷家骕，易难. 关系资本、组织学习与研发联盟绩效关系的实证研究 [J]. 中国工业经济，2010 (4): 89-99.

[97] 阎海峰，陈利萍，沈锦杰. 智力资本、吸收能力与组织创新关系研究 [J]. 研究与发展管理，2009 (5): 39-46.

[98] 杨俊，张玉利，杨晓非，等. 关系强度、关系资源与新企业绩效——基于行为视角的实证研究 [J]. 南开管理评论，2009 (4): 44-54.

[99] 杨鹏鹏，万迪昉，王廷丽. 企业家社会资本及其与企业绩效的关系 [J]. 当代经济科学，2005 (4): 85-92.

[100] 杨震宁，李东红. 中国制造业企业创新：行业竞争，嵌入集群的社会资本与技术战略选择 [J]. 财贸经济，2010 (6): 98-106.

[101] 易加斌，张曦. 逆向知识转移影响因素研究述评与展望 [J]. 外国经济与管理，2013 (7): 12-22.

[102] 于成永，施建军. 外部学习、技术创新与企业绩效、机制和路径 [J]. 经济管理，2009 (1)：117 – 125.

[103] 于茂荐，孙元欣. 专用性投资对企业绩效影响研究 [J]. 科学学研究，2012 (9)：1363 – 1370.

[104] 于茂荐，孙元欣. 专用性投资、关系机制与企业绩效 [J]. 中南财经政法大学学报，2014 (1)：150 – 156.

[105] 曾德明，贾曙光，禹献云. 吸收能力视角下联盟企业关系资本对创新能力影响研究 [J]. 中国科技论坛，2011 (5)：21 – 26.

[106] 曾萍，邓腾智，宋铁波. 社会资本、动态能力与企业创新关系的实证研究 [J]. 科研管理，2013 (4)：50 – 59.

[107] 曾萍，蓝海林. 组织学习、知识创新与动态能力：机制和路径 [J]. 中国软科学，2009 (5)：135 – 146.

[108] 张方华. 企业社会资本与技术创新绩效：概念模型与实证分析 [J]. 研究与发展管理，2006 (3)：47 – 53.

[109] 张君立，郑美群. 关系资本对高技术企业竞争优势的作用机理分析 [J]. 商场现代化，2008 (11)：168 – 169.

[110] 张彦明，李葳，胡艳婷. 关系资本对 R&D 联盟创新绩效影响研究 [J]. 科技与管理，2012 (5)：59 – 64.

[111] 郑美群，蔡莉，王发银. 社会资本对高技术企业绩效的作用分析 [J]. 工业技术经济，2005 (2)：73 – 77.

[112] 周小虎，陈传明. 企业社会资本与持续竞争优势 [J]. 中国工业经济，2004 (5)：90 – 96.

[113] 朱秀梅. 资源获取、创业导向与新创企业绩效关系研究 [J]. 科学学研究，2008 (3)：589 – 595.

[114] 朱秀梅. 高技术企业集群式创新机理实证研究 [J]. 管理科学学报，2009 (4)：75 – 82.

[115] 朱秀梅，陈琛，杨隽萍. 新企业网络能力维度检验及研究框

架构建 [J]. 科学学研究, 2010 (8): 1222 - 1229.

[116] 方刚. 基于资源观的企业网络能力与创新绩效关系研究 [D]. 浙江: 浙江大学, 2008: 56 - 57.

[117] 陆杉. 基于关系资本和互动学习的供应链协同研究 [D]. 长沙: 中南大学, 2009: 32 - 33.

[118] 杨孝海. 企业关系资本与价值创造关系研究 [D]. 成都: 西南财经大学, 2010: 56 - 57.

[119] Betz F. Strategic Technology Management [M]. New York: McGraw-Hill, 1993: 37 - 40.

[120] Burt. Structural Holes: The Social Structure of Competition [M]. New York: Harvard University Press, 1992: 233 - 257.

[121] Edvinsson J., Roos L., Roos G. Intellectual Capital: Navigating in the New Business Landscape [M]. New York: New York University Press, 1998: 55 - 56.

[122] Hakansson H. Industrial Technological Development: A Network Approach [M]. London: Croom Helm, 1987: 79 - 92.

[123] Jacob Cohen, Patricia Cohen, Stephen G. West, et al. Applied Multiple Regression / Correlation Analysis for the Behavioral Sciences [M]. Oxford: Routledge Academic, 2002: 69 - 73.

[124] Lee C., Park C. S., Vertinsky I. Relational Capital, Knowledge Transfer and Performance in International Joint Ventures (IJVs) in Korea [M]. Korean Science and Technology in an International Perspective, 2012: 223 - 237.

[125] Maskell P. Social Capital, Innovation and Competitiveness [M]. Oxford: Oxford University Press, 2000: 514 - 523.

[126] Tabachnick B. G., Fidell L. S. Using Multivariate Statistics (6th Ed) [M]. London: Pearson, 2012: 630 - 652.

[127] Williamson O. E. The Economic Institute of Capitalism [M]. New York: Free Press, 1985.

[128] Achim Walter, Michael Auer, Thomas Ritter. The impact of network capabilities and entrepreneurial orientation on university spin-off performance [J]. Journal of Business Venturing, 2006, 21 (1): 541 –567.

[129] Adler P. S., Kwon. Social capital: Prospects for a new concept [J]. Academy of Management Review, 2002, 27 (1): 17 –40.

[130] Andrea Fosfuri, Josep A. Tribó. Exploring the antecedents of potential absorptive capacity and its impact on innovation performance [J]. The International Journal of Management Science, 2008, 36 (2): 173 –187.

[131] Aurelie Brunie. Meaningful distinctions within a concept: Relational, collective, and generalized social capital [J]. Social Science Research, 2009, 38 (2): 251 –265.

[132] Barney J. Firm resources and sustained competitive advantage [J]. Journal of Management, 1991, 17 (1): 99 –120.

[133] Baron R. M., Kenny D. A. The moderator-variable distinction in social psychological research: Conceptual, strategic, and statistical considerations [J]. Journal of Personality and Social Psychology. 1986, 51 (6): 1173 –1182.

[134] Bat Batjargal. Internet entrepreneurship: Social capital, human capital, and performance of Internet ventures in China [J]. Research Policy, 2007, 36 (1): 605 –618.

[135] Bell G. G. Clusters, networks and firm innovativeness [J]. Strategic Management Journal, 2005, 26 (3): 287 –295.

[136] Benjamin, John Hagedoornb, Jaffe. Do alliances promote knowledge flows? [J]. Journal of Financial Economics, 2006, 80 (1): 5 –33.

［137］Blyer M. , Coff R. W. Dynamic capabilities, social capital and rent appropriation: Ties that split pies ［J］. Strategic Management Journal, 2003, 24 (7): 677 - 686.

［138］Bontis N. Intellectual capital: An exploratory study that develops methods and models ［J］. Management Decision, 1998, 3 (2): 63 - 76.

［139］Bonner J. M. , Kim D. , Cavusgil S. T. Self-perceived strategic network identity and its effects on market performance in alliance relationships ［J］. Journal of Business Research, 2005, 58 (10): 1371 - 1380.

［140］Bou-Wen Lin, Po-Chen Li, Ja-Shen Chen. Social capital, capabilities and entrepreneurial strategies: A study of Taiwanese high-tech new ventures ［J］. Technological Forecasting & Social Change, 2006, 73 (5): 168 - 181.

［141］Bykova A. , Morkovkina E. Relational capital as a driver of a company's success ［J］. Journal of Corporate Finance, 2013, 28 (4): 23 - 45.

［142］Campbell D. , Abdul Rahman M. R. A longitudinal examination of intellectual capital reporting in Marks & Spencer annual reports, 1978 - 2008 ［J］. The British Accounting Review, 2010, 42 (1): 56 - 70.

［143］Carmeli A. , Azeroual B. How relational capital and knowledge combination capability enhance the performance of work units in a high technology industry ［J］. Strategic Entrepreneurship Journal, 2009, 3 (1): 85 - 103.

［144］Carmona Lavado A. , Cuevas Rodriguez G. , Cabello Medina C. Social and organizational capital: Building the context for innovation ［J］. Industrial Marketing Management, 2010, 39 (4): 681 - 690.

［145］Cavusgil S. T. , Calantone R. J. , Zhao Y. Tacit know ledge transfer and firm innovation capability ［J］. Journal of Business and Industrial

Marketing, 2013, 18 (1): 6 – 21.

[146] Chen Guoquan, Liu Chunhong, Tjosvold D. Conflict manage-ment for effective top management teams and innovation in China [J]. Jour-nal of Management Studies, 2005, 42 (2): 277 – 300.

[147] Chia Ling, Pervez N. Ghauri, Rudolf R. Sinkovics. Under-standing the impact of relational capital and organizational learning on alliance outcomes [J]. Journal of World Business, 2010, 45 (3): 112 – 132.

[148] Coase R. The nature of the firm [J]. Economica, 1937, 4 (11): 386 – 405.

[149] Coleman J. S. Social capital in the creation of human capital [J]. The American Journal of Sociology, 1988, 94 (2): 95 – 120.

[150] Cullen J. B., Johnson J. L., Sakano T. Success through com-mitment and trust: the soft side of strategic alliance management [J]. Jour-nal of World Business, 2000, 35 (3): 223 – 240.

[151] Cummings J. L., Teng B. S. Transferring R&D knowledge: The key factors affecting knowledge transfer success [J]. Journal of Engineer-ing Technology Management, 2003, 20: 39 – 68.

[152] Dalziel T., Gentry R. J., Bowerman M. An integrated agency-resource dependence view of the influence of directors 'human and relational capital on firms' R&D spending [J]. Journal of Management Studies, 2011, 48 (6): 1217 – 1242.

[153] Damanpour F. Organizationa linnovation: A meta-analysis of effects of determinants and moderators [J]. Academy of Management Journal, 1991, 34 (3): 66 – 81.

[154] Daniel Z. L. The strength of weak ties you can trust: Mediating role of trust in effective knowledge transfer [J]. Management Science, 2004, 50 (11): 1477 – 1490.

[155] Darvish H., Ahmadi A., Kafashzadeh A., et al. Investigating the effects of intellectual capital on organizational performance measurement through organizational learning capabilities [J]. Management Science Letters, 2013, 3 (1): 165 – 172.

[156] Doving E., Gooderham P. N. Dynamic capabilities as antecedents of the scope of related diversification: The case of small firm accountancy practices [J]. Strategic Management Journal, 2008, 29 (8): 841 – 857.

[157] Dyer J. H., Nobeoka K. Creating and managing a high-performance knowledge-sharing network: The TOYOTA case [J]. Strategic Management Journal, 2000, 21 (3): 345 – 367.

[158] Dyer J. H., Singh H. The relational view: Cooperative strategy and sources of interorganizational competitive advantage [J]. Academy of Management Review, 1998, 23 (4): 660 – 679.

[159] Education D. Relational capital and performance of tea manufacturing firms [J]. African Journal of Business Management, 2012, 6 (3): 799 – 810.

[160] Eggers J. P., Kaplan. Cognition and renewal: Comparing CEO and organizational effects on incumbent adaptation to technical change [J]. Organization Science, 2009, 20 (2): 461 – 477.

[161] Elfenbein D. W., Zenger T. R. What is a relationship worth? Repeated exchange and the development and deployment of relational capital [J]. Organization Science, 2014, 25 (1): 222 – 244.

[162] Granovetter M. The strength of weak tie [J]. American Journal of Sociology, 1973, 78 (6): 1360 – 1380.

[163] Granovetter M. Economic action and social structure: The problem of embeddedness [J]. The American Journal of Sociology, 1985, 91 (3): 481 – 510.

［164］ Grant R. M. The resource-based theory of competitive advantage: Implications for strategy formulation ［J］. California Management Review, 1991, Spring: 114 – 135.

［165］ Greve A. , Salaff J. W. Social networks and entrepreneurship ［J］. Entrepreneurship Theory and Practice, 2003, 28 （1）: 1 – 22.

［166］ Gulati R. Alliances and networks ［J］. Strategic Management Journal, 1998, 19 （4）: 293 – 317.

［167］ Gulati R. Does familiarity breed trust? The implications of repeated ties for contractual choice in alliances ［J］. Academy of Management Journal, 1995, 38 （1）: 85 – 113.

［168］ Hagedoorn J. , Cloodt M. Measuring innovative performance: Is there an advantage in using multiple indicators? ［J］. Research Policy, 2003, 32 （8）: 1365 – 1379.

［169］ Hagedoorn J. , Duysters G. External sources of innovative capabilities: The preference for strategic alliances or mergers and acquisitions ［J］. Journal of Management Studies, 2002, 39 （2）: 167 – 188.

［170］ Hagedoorn J. , Roijkkers N. , Van Kranenburg H. Inter-firm R&D networks: The importance of strategic network capabilities for high-tech partnership formation ［J］. British Journal of Management, 2006, 17 （1）: 39 – 53.

［171］ Haibin Yang, Yanfeng Zheng, Xia Zhao. Exploration or exploitation? Small firms' alliance strategies with large firms ［J］. Strategic Management Journal, 2014, 35 （1）: 146 – 157.

［172］ Holmen E. , Pedersen A. C. Strategizing through analyzing and influencing the network horizon ［J］. Industrial Marketing Management, 2003, 32 （5）: 409 – 418.

［173］ Hormiga E. , Batista Canino, Sánchez Medina A. The impact of relational capital on the success of new business start ups [J]. Journal of Small Business Management, 2011, 49 (4): 617 –638.

[174] Inkpen A. , Currall S. The convolution of trust, control and learning in joint ventures [J]. Organization Science, 2004, 15 (5): 586 –599.

[175] James L. R. , Brett J. M. Mediators moderators and tests for mediation [J]. Journal of Applied Psychology, 1984, 69 (2): 599 –610.

[176] Cambra-Fierro J. , Florin J. , Lourdes P. , et al. Inter-firm market orientation as antecedent of knowledge transfer, innovation and value creation in networks [J]. Management Decision, 2011, 49 (3): 444 –467.

[177] Jasimuddin S. , Connell N. , Klein J. Knowledge transfer frameworks: An extension incorporating knowledge repositories and knowledge administration [J]. Information Systems Journal, 2012, 22 (3): 195 –209.

[178] Johnson J. , Ellstrand L. , Alan E. Number of directors and financial performance [J]. The Academy of Management Journal, 1999, 42 (6): 674 –686.

[179] Kale P. , Dyer J. H. , Singh H. Alliance capability, stock market response and longterm alliance success: The role of the alliance function [J]. Strategic Management Journal, 2002, 23 (8): 747 –767.

[180] Kale P. , Singh H. , Perlmutter H. Learning and protection of proprietary assets in strategic alliances: Building relational capital [J]. Strategic Management Journal, 2000, 21 (3): 217 –237.

[181] Klarl T. Knowledge diffusion and knowledge transfer revisited: Two sides of the medal [J]. Journal of Evolutionary Economics, 2014, 24 (4): 737 –760.

[182] Kohtamäki M. , Partanen J. , Möller K. Making a profit with R&D services: The critical role of relational capital [J]. Industrial Marketing

Management, 2013, 42 (1): 71 – 81.

[183] Kogut B. Joint ventures and the option to expand and acquire [J]. Management Science, 1991, 37 (1): 19 – 33.

[184] Krause D. R. , Handfield R. B. , Tyler B. B. The relationships between suppliers development, commitment, social capital accumulation and performance improvement [J]. Journal of Operations Management, 2006, 25 (2): 528 – 545.

[185] Kwan M. M. , Cheung P. K. The knowledge transfer process: From field studies to technology development [J]. Journal of Database Management, 2006, 17 (1): 16 – 32.

[186] Lanny Vinsent. Innovation midwives: Sustaining innovation streams in established companies [J]. Research Technology Management, 2005, 48 (1): 41 – 49.

[187] Larson A. Network dyads in entrepreneurial settings: A study of the governance of exchange processes [J]. Administrative Science Quarterly, 1992, 37 (1): 76 – 104.

[188] Larson A. , Starr J. A. A network model of organization formation [J]. Entrepreneurship: Theory and Practice, 1993, 17 (2): 5 – 15.

[189] Laursen K. , Salter A. Open for innovation: The role of openness in explaining innovation performance among U. K. manufacturing firms [J]. Strategic Management Journal, 2006, 27 (2): 131 – 150.

[190] Lavie D. , Drori I. Collaborating for knowledge creation and application: The case of nanotechnology research programs [J]. Organization Science, 2012, 23 (3): 704 – 724.

[191] Liao J. , Welsch H. Roles of social capital in venture creation: Key dimensions and research implications [J]. Journal of Small Business Management, 2005, 43 (4): 345 – 362.

[192] Lin Nan. Building a network theory of Social Capital [J]. Connections, 1999, 22 (1): 28 – 51.

[193] Liu C. L. E. , Ghauri P. N. , Sinkovics R. R. Understanding the impact of relational capital and organizational learning on alliance outcomes [J]. Journal of World Business, 2010, 45 (3): 237 – 249.

[194] Liu X. , White R. S. The relative contributions of foreign technology and domestic inputs to innovation in Chinese manufacturing industries [J]. Technovation, 1997, 17 (3): 119 – 125.

[195] Luk C. , Yau O. , Sin L. , et al. The effects of social capital and organizational innovativeness in different institutional contexts [J]. Journal of International Business Studies, 2008, 39 (4): 589 – 612.

[196] Mäkelä, Maula. Cross-border venture capital and new venture internationalization: An isomorphism perspective [J]. Venture Capital, 2005, 7 (3): 227 – 257.

[197] Martín-de C. G. , Delgado-Verde M. , Amores-Salvadó J. , et al. Linking human, technological and relational assets to technological innovation: Exploring a new approach [J]. Knowledge Management Research & Practice, 2013, 11 (2): 123 – 132.

[198] Martín-de C. G. , Delgado-Verde M. , López-Sáez P. , et al. Towards an intellectual capital-based view of the firm: Origins and nature [J]. Journal of Business Ethics, 2011, 98 (4): 649 – 662.

[199] Mehralian G. , Rasekh H. R. , Akhavan P. , et al. Prioritization of intellectual capital indicators in knowledge-based industries: Evidence from pharmaceutical industry [J]. International Journal of Information Management, 2013, 33 (1): 209 – 216.

[200] Mele C. Conflicts and value co-creation in project networks [J]. Industrial Marketing Management, 2011, 40 (8): 1377 – 1385.

[201] Migheli M. Relational capital, profitability and access to credit: Evidence from a sample of Italian small firms [J]. International Review of Economics, 2013, 26 (2): 221 –233.

[202] Mohr J. , Fisher R. J. , Nevin R. Collaborative communication in inter-firm relationships: Moderating effects of integration and control [J]. Journal of Marketing, 1996, 60 (3): 103 –115.

[203] Molina-Morales F. X. , Martinez-Fernandez M. T. Social networks: Effects of social capital on firm innovation [J]. Journal of Small Business Management, 2010, 48 (2): 258 –279.

[204] Moller K. K. , Halinen A. Business relationships and networks: Managerial challenge of network era [J]. Industrial Marketing Management, 1999, 28 (5): 413 –427.

[205] Morgan R. M. , Hunt S. D. The commitment-trust theory of relationship marketing [J]. Journal of Marketing, 1994, 58 (3): 20 –38.

[206] Mueller R. O. Structural Equation modeling: Back to basics [J]. Structural Equation Modeling, 1997, 4 (4): 353 –369.

[207] Murphy, Trailer, Hill. Measuring performance in entrepreneurship research [J]. Journal of Business Research, 1996, 36 (1): 15 –23.

[208] Nahapiet J. , Ghoshal S. Social capital, intellectual capital and the organizational advantage [J]. Academy of Management Review, 1998, 23 (2): 242 –266.

[209] Panteli N. , Sockalingam S. Trust and conflict within virtual inter organizational alliances: A framework for facilitating knowledge sharing [J]. Decision Support Systems, 2005, 3 (9): 599 –617.

[210] Peng M. W. , Luo Y. Managerial ties and firm performance in a transition economy: The nature of a micro-macro link [J]. Academy of Management Journal, 2000, 43 (3): 486 –501.

[211] Perez-Luno A. , Medina C, Lavado A. C. , et al. How social capital and knowledge affect innovation [J]. Journal of Business Research, 2011, 64 (12): 1369 – 1376.

[212] Powell W. W. , White D. R. , Koput K. W. , et al. Network dynamics and field evolution: The growth of inter-organizational collaboration in the life sciences [J]. American Journal of Sociology, 2005, 110 (4): 1132 – 1205.

[213] Quinn J. B. Outsourcing innovation: The new engine of growth [J]. Sloan Management Review, 2000, 41 (4): 13 – 28.

[214] Ritter T. The networking company: Antecedents for coping with relationship and networks effectively [J]. Industrial Marketing Management, 1999, 28 (5): 467 – 479.

[215] Ritter T. , Gemunden H. G. Network competence: Its impact on innovation success and its antecedents [J]. Journal of Business Research, 2003, 56 (9): 745 – 755.

[216] Robert Lee. Social capital and business and management: Setting a research agenda [J]. International Journal of Management Reviews, 2009, 11 (3): 247 – 273.

[217] Rothaermel F. T. , Andrew M. H. Building dynamic capabilities: Innovation driven by individual-, firm-and network-level effects [J]. Organization Science, 2007, 18 (6): 898 – 921.

[218] Sambasivan M. , Siew-Phaik L. , Mohamed Z. A. , et al. Impact of interdependence between supply chain partners on strategic alliance outcomes: Role of relational capital as a mediating construct [J]. Management Decision, 2011, 49 (4): 548 – 569.

[219] Sambasivan M. , Siew-Phaik L. , Abidin Mohamed , et al. Factors influencing strategic alliance outcomes in a manufacturing supply chain:

Role of alliance motives, interdependence, asset specificity and relational capital [J]. International Journal of Production Economics, 2013, 141 (1): 339 –351.

[220] Sarkar M. B. , Echambadi R. , Cavusgil S. T. , et al. The influence of complementarity, compatibility and relationship capital on alliance performance [J]. Journal of the Academy of Marketing Science, 2001, 29 (4): 358 –373.

[221] Seung Ho Park, Yadong Luo. Guanxi and organizational dynamics, organizational networking in Chinese firms [J]. Strategic Management Journal, 2001, 22 (5): 455 –477.

[222] Sharabati A. A. A. , Jawad S. N. , Bontis N. Intellectual capital and business performance in the pharmaceutical sector of Jordan [J]. Management Decision, 2010, 48 (1): 105 –131.

[223] Shu-Cheng Lee, Shao-Nung Chang, Chang-Yung Liu, et al. The effect of knowledge protection, knowledge ambiguity and relational capital on alliance performance [J]. Knowledge and Process Management, 2007, 14 (1): 58 –69.

[224] Simone F. , Gino C. , Charles B. F. The relational antecedents of project-entrepreurship: Network centrality, team composition and project performance [J]. Research Policy, 2009, 38 (4): 1545 –1558.

[225] Simonin B. L. Transfer of marketing know-how in international strategic alliances: An empirical investigation of the role and antecedents of knowledge ambiguity [J]. Journal of international Business Studies, 1999a, 30 (3): 463 –490.

[226] Simonin B. L. Ambiguity and the process of knowledge transfer in strategic alliances [J]. Strategic Management Journal, 1999b, 20 (7): 595 –623.

[227] Singh J. , Agustin C. Curvilinear effects of consumer loyalty determinants in relational exchanges [J]. Journal of Marketing Research, 2005, 42 (1): 96 – 108.

[228] Song M. , Weggeman M. Factors for improving the level of knowledge generation in new product development [J]. R&D Management, 2006, 36 (2): 173 – 187.

[229] Spender J. C. Making knowledge the basis of dynamic theory of the firm [J]. Strategic Management Journal, 1996, 17 (1): 45 – 62.

[230] Swink M. , Song M. Effects of marketing-manufacturing integration on new product development time and competitive advantage [J]. Journal of Operations Management, 2007, 25 (1): 203 – 217.

[231] Szulanski G. Exploring internal stickiness: Impediments to the transfer of best practice with the firm [J]. Strategic Management Journal, 1996, 17 (1): 27 – 43.

[232] Tortoriello M. , Reagans R. , McEvily B. Bridging the knowledge gap: The influence of strong ties, network cohesion and network range on the transfer of knowledge between organizational units [J]. Organization Science, 2012, 23 (4): 1024 – 1039.

[233] Trequattrini R. , Russo G. , Lombardi R. Evaluating and measuring relational capital by defining knowledge [J]. Journal of Modern Accounting and Auditing, 2013, 9 (3): 392 – 397.

[234] Tsai W. P. Knowledge transfer in intra-organizational networks: Effects of network position and absorptive capacity on business unit innovation and performance [J]. Academy of Management Journal, 2001, 44 (5): 996 – 1004.

[235] Tsai W. P. , Ghoshal S. Social capital and value creation: The role of infra firm networks [J]. Academy of Management Journal, 1998, 41

(4): 464 –478.

[236] Uzzi B. Social structure and competition in inter-firm networks: The paradox of embeddedness [J]. Administrative Science Quarterly, 1997, 42 (1): 35 –67.

[237] Vaara E. , Sarala R. , Stahl G. K. , et al. The impact of organizational and national cultural differences on social conflict and knowledge transfer in international acquisitions [J]. Journal of Management Studies, 2012, 49 (1): 1 –27.

[238] Vesalainen J. , Hakala H. Strategic capability architecture: The role of network capability [J]. Industrial Marketing Management, 2014, 43 (6): 938 –950.

[239] Weber B. , Christiana W. Corporate venture capital as a means of radical innovation: Relational fit, social capital and knowledge transfer [J]. Journal of Engineering and Technology Management, 2007, 24 (1): 11 –35.

[240] Williamson O. E. Comparative economic organization: The analysis of discrete structive [J]. Administrative Science Quarterly, 1991, 36 (2): 269 –296.

[241] Williamson O. E. Credible commitments: Using hostages to support exchange [J]. American Economic Reviews, 1983, 73 (4): 519 –540.

[242] Wincent J. , Anokhin S. , Örtqvist D. Does network board capital matter? A study of innovative performance in strategic SME networks [J]. Journal of Business Research, 2010, 63 (3): 265 –275.

[243] Wu F. , Cavusgil S. T. Organizational learning, commitment and joint value creation in inter-firm relationships [J]. Journal of Business Research, 2006, 59 (1): 81 –89.

[244] Wu L. Y. Entrepreneurial resources, dynamic capabilities and

start-up performance of Taiwan's high-tech firms ［J］. Journal of Business Research, 2007, 60 (5): 549 – 555.

［245］ Wu Weiping, Choi W. L. Transaction cost, social capital and firms synergy creation in Chinese business networks: An integrative approach ［J］. Asia Pacific Journal of Management, 2004, 21 (3): 325 – 343.

［246］ Yli-Renko H. , Autio E. , Sapienza J. Social capital, knowledge acquisition and knowledge exploitation in young technology-based firms ［J］. Strategic Management Journal, 2001, 22 (4): 587 – 613.

［247］ Zander U. , Kogut B. Knowledge and the speed of transfer and imitation of organizational capabilities: An empirical test ［J］. Organization Science, 1995, 6 (1): 76 – 92.

［248］ Andrawina L. , Govindaraju R. , Samadhi T. A. , et al. Absorptive capacity moderates the relationship between knowledge sharing capability and innovation capability ［A］. IEEE International Conference on Industrial Engineering and Engineering Management ［C］. Singapore: IEEE, 2008: 944 – 948.

［249］ Bourdieu P. The form of capital. Richardson J. G. （Ed）. Handbook of theory and research in the sociology of education ［C］. New York: Greenwood Press, 1986: 241 – 258.

［250］ Liu J. , Shah M. , Kuipers B. , et al. Cross-view action recognitionvia view knowledge transfer ［A］. Computer vision and pattern recognition, IEEE International Conference on IEEE ［C］. 2011: 3209 – 3216.